D1729206

Vo gschiide ond tomme Lüüt

Peter Eggenberger

Vo gschiide ond tomme Lüüt

34 vergnügliche Kurzgeschichten
im urchigen Kurzenberger Dialekt

Illustriert von
Werner Meier-Hartmann

Appenzeller Verlag

1. Auflage 2017
2. Auflage 2017

Copyright by Appenzeller Verlag, CH-9103 Schwellbrunn

Alle Rechte der Verbreitung, auch durch Film,
Radio und Fernsehen, fotomechanische Wiedergabe,
Tonträger, elektronische Datenträger und
auszugsweisen Nachdruck, sind vorbehalten.

Satz: Appenzeller Verlag, Schwellbrunn

ISBN: 978-3-85882-761-6

www.verlagshaus-schwellbrunn.ch

Galgehumor

1862 fand auf dem Richtplatz im Gfeld, Trogen, die letzte Hinrichtung in Ausserrhoden statt. Galgenhumor legten die beiden in den 1850er-Jahren zum Tode verurteilten Übeltäter aus dem Kurzenberg an den Tag…

De Joggeli und de Hanessli sönd zwee Schlunggi gsii, wo fascht ierer Lebti übli Tommheite aagschtellt hand. All wider hands a de Thaler, Rhinegger ond Sammegrether Grenze Lüüt überfalle, wo vo de Määrt z Lende oder z Bregez uf em Hammweg zrugg in Kurzeberg gsi sönd. Ond vetwüscht hädmers doo, wos de riich Sonderegger uusgraubt ond töödt hand.

Sü sönd zeerscht z Haade is Kefi gkhoo, ond noch de Grichtsvehandlege ond em Todesurteil sönds amme wüeschte Tag im Mierz uf Troge überfüert worde. E Köpfete isch doo e Schpektakel gsii, womme omm jede Briis häd wele debi sii. Dromm sönd scho am früene Morge en Huffe Lüüt vo Walzehuuse ond Wolfhalde, vo Oberegg, vom Lutzeberg ond vo de Grueb z Haade parad gschtande.

Wo d Haschiere die zwee Vebrecher zom Kefi usigfüert hand, ischt e uunegi Rüefete ond Truckete gsii. Ond wo d Wächter mit de beide Manne i Richti Troge abmarschierid, sönd ali Gwondernasli hennedrigloffe. De Ommzug ischt all gröösser worde, ond niemert häd si vom grüüsige Regewetter abhalte

loo. Im Kaie-n-obe hand si Reechtöbler aa-
gschlosse, ond im Wald sönd nomol en Huffe
Gaffer dezuegkoo. O s Annebaabeli Bürki
vom Oberegger Hoogge isch debi gsii. Us all-
ne Lüüt usi häd me si allpott gkhöört rüefe:
«Jechter-oo-ond-oo, e so näbis, do töör me
nöd fehle, do momme afach debi sii, jechter-
oo-ond-oo!»

S Wetter ischt all rüücher worde. S häd
gschträäzt ond abigleert wie us Kübel, ond de-
zueani ischt o no en bööse Henderluft ufgkoo.
Wo die beide Schlunggi noch em Goldachtobel
zruggluegid, sächids e langi Schlange vo Zue-
schauer, wo fascht nomme häd wele hööre.

Miteme wackere Schtölzli seid doo de Ha-
nessli: «Hammier etz o en Huffe Lüüt, ase vill
sönd üüs no nie nogloffe.» «Schtimmt», gid de

Joggeli zuer Antwort. «S ischt wohrli e schös Luege. Aber scho veruckt, as mier uf üsem letschte Gang e so e Suwetter hand.» Doo lachet de Hanessli über s ganz Gsicht ond määnt: «Häscht recht. Aber teenk a die sebe, wo wider hamm mond!»

Ond denn sönds wiiter is Gfeld, wo de Scharfrichter mit sim lange Schwert s Urteil vollzoge häd. Ond nomol häd me d Schtimm vom Hoogge-Annebaabeli gkhöört: «Jechter-oo-ond-oo, e so näbis, schö, as i ha tööre debi sii, jechter-oo-ond-oo…!»

Schlunggi *Gauner*
ierer Lebti *ihrer Lebtag*
Lende, Bregez *Lindau, Bregenz*
Haade *Heiden*

Kefi *Käfig, Gefängnis*
Haschier *Polizist*
Gwondernasli *Neugierige*
Hoogge *Haggen, Weilername*
Jechter-oo-ond-oo *Um Himmels Willen*
e so näbis *so etwas*
gschträäzt *stark geregnet*
Henderluft *Westwind*
wo wider hamm mond *die wieder nach*
   Hause müssen

De Regierisroot häd en Aff!

Die Redewendung «Er häd en Aff» besagt, dass der Betreffende zu viel getrunken hat. Reinhard Kellenberger, Mitglied der Ausserrhoder Regierung ab 1906, hielt in seinem Haus tatsächlich ein Affentier, was als Sensation galt…

Walzehuuse häd bis 1994 all en Vetreter i de Kantosregieri gkhaa, zletscht de Hans Ueli Hohl. Sini Vorgänger sönd de Ernst Vitzthum, de Werner Hohl, de Peter Flisch, de Konrad Keller-Künzler ond ebe de Reinhard Kelleberger gsii. Er häd sis Geld i de Schtickerei gmacht, ond im 1891 häd er i de Nööchi vom Kiercheblatz e schös Hus baue loo. Miteme Balkon, ond dromm häd me im Dorf gfonde, da sei etz scho no e noobli Villa.

Vonere Gschäftsreis uf Genua häd de Kelleberger im 1905 en zahme Schimpans, de Mumbo, hammproocht. Wenn da Viich amel vo zoberscht de Huswand no abi uf de Balkon ond wiiter bis a d Hustüer aigkletteret ischt, sönd d Lüüt uf de Schtrooss mit offne Müüler schtohplibe, hand grooss Auge gmacht ond gklatschet.

De Kelleberger isch doo no Gmaandshopme gsii, ond noch de Sitzege häd er i de Wiertschafte all wider prallet, wie sin Aff gschiider sei als öppe-n-ann im Gmaandroot. «De Mumbo hauts a d Hustüer gi Zitti hole, ka s Feeschter uuf- ond zuetoo, ka mitere Guttere hantiere ond e Glas iischenke. Ond no sogär de Huet ka-n-er mier ufsetze», häd er o wider emol vezellt.

Noch de Wahl i d Regieri a de Landsgmaand z Troge isch d Bevölkeri vo Walzehuuse vor de Villa gschtande zonem d Ehr aatue. O di beide Männerköör «Harmonii» ond «Frohsinn» sönd grüscht gsii. Entli isch de Kelleberger im Frack ond Zilinder uf em Balkon uftaucht, ond d Sänger hand s Landsgmaandslied «Alles Leben strömt aus Dir» aagschtimmt.

Bi de eerschte Töö ischt ob em Balkon s Feeschter ufggange, ond de Mumbo häd gwönderi usiglueget. Er häd en Nachthafe gkhebet, wo-n-er über em frischbachne Regierisroot aagfangt helde. Zeerscht häds tröpflet, ond denn isches gflosse, uf de Zilinder, über s Gsicht ond über s Hääss vom nooble Maa. Ond ali hand gwisst, as es ka Wasser ischt.

Wo d Manne «und durchwallt in tausend Bächen» gsunge hand, häd de Kelleberger de nass Zilinder ab em Kopf, häd mit em Schnupftuech d Bächli uf em Gsicht abbutzt ond uiglueget. Aber de Aff isch scho henderem Maa gschtande ond hädem tifi de Hafe ufgsetzt. Ond nomol isch Bronz über s Gsicht ond de Frack abigloffe.

Alls häd glachet, ond de Regierisroot isch volle Wuet ond Verückti mit em Hafe i de Hand em Aff nogschprunge. De Gmaandroot Sturzenegger, wo s Heu mit em Kelleberger gär nöd uf de gliiche Bühni gkha häd, häd

12

schadefroh uigrüeft: «Und durchnässt von tausend Bächen ... Joo, Herr Regierisroot, da isch wohrli en gschiide-n-Aff, wo ka ii- ond uusscheenke ond amm sogär no de Huet aaleid, gellid!»

Noch em Landsgmaandstag häd me de Mumbo nie me gsäche. 1923 isch s Kelleberger-Hus i d Hend vo de Fabrikantefamili Husamma gkoo, ond sit doo häd me i de Gmaand vo de Villa Husamma gschwätzt. 1986 häd me si aproche, ond am gliiche Blatz isch di neu Kantonalbank bbaut worde.

Gmaandshopme *Gemeindepräsident*
prallet *geprahlt*
d Ehr atue *die Ehre erweisen*
sönd grüscht gsii *waren bereit*
gwönderi *neugierig*
helde *kippen*
Hääss *Kleidung*
Bronz *Urin*
wohrli w*ahrhaftig, wirklich*
gellid *nicht wahr*

Bed and breakfast

«Zimmer zu vermieten» hiess es früher. Heute wird «Bed and breakfast» angeboten, und auch Gust und Mari haben sich dafür entschieden. Nach dem Einrichten freuen sie sich auf ihre ersten Gäste aus Holland…

«De Ruedi isch fuert, sis Zimmer isch leer, eigentli schaad», häd d Mari öppe vor drei Mönet ammene rüebege-n-Oobet gseid. «Mier könntid doch wie Wasers o Gäscht iiloschiere ond ene en Zmorge serwiere, da gid Abwegsli ond eersch no e-n-Uffbesseri vom Husaltgeld.» «Mos da etz o no sii», ha-n-i prommlet. Wo doo aber d Mari nöd luggloo häd ond i de schönschte Farbe vezellt, wie Wasers en Huffe tolli Bekanntschafte gmacht heiid, hammi glich no aaschtecke loo.

Wil üse Bueb sini Möbel mitgno häd, sömmer i d Brockeschtube Wolfhalde wege Ersatz gi luege, ond no bald sönd e paar schöni aalti Raritäte binenand gsii. Mier hand d Kammer so richti aaltfräntsch iigricht. «Fascht wie immene nooble Romantik-Hotel», häd d Mari gfonde, ond i ha möse zuegee, as die Sach wohrli e gueti Falle machi. Ond denn hammer üseri Mini-Herberg im Internet aabbotte.

Scho en Tag schpööter ischt e-n-Aameldi vo Holand gkoo. S Ehepaar Van der Breuen häd zeerscht e Mail gschickt, ond denn hands telifoniert, as sü innere Wuche bi üüs iitröffid. Mier hand üüs gfreut, bis doo d Mari uf zmol

veschtillet ischt. Wo-n-i froog, wa si hei, määnt
si: «Du, d Holänder sönd doch eelend groossi
Lüüt, üseri aalte Brockeschtube-Better sönd
vill z kuerz, da kömmer de Gäscht nöd zue-
muete. Da wär e schlechti Reklame, wenns
haasst, bi üüs mösme kromm ligge oder me
vewachi jede Morge mitere Büüle am Kopf.
Mier mond hantli näbis anders gi poschte!»

Wil mier üüs z Wolfhalde nöd hand wele
blamiere, hammer d Better is Brockehus uf
Berni proocht. Denn sömmer i-n-e Möbel-
handli uf Sanggalle, wommer füer tüürs Geld
Neus gkauft ond üüs is Hus lifere lo hand.
Fascht hands ka Blatz gkhaa, die zwee Meter
zwanzg lange Better, ond mier hand s ganz
Zimmer möse-n-ommschtelle, bis entli alls i
de Orni gsi ischt.

Am eerschte Ziischti im Juni sönd d Holän-
der mit em Auto iitroffe. Wädli sömmer vor d
Hustüer, ond scho kond e-n-elters Päärli uf
üüs zue. Mier sönd veblaachet, hand enand
aaglueget ond s gliich tenkt. Ond denn söm-
mer zwaa klinne Lüütli engege gloffe, hande-
ne d Hand bbotte ond d Gufere-n-abgnoh.
Ond gschtuunet hammer, as de Maa fascht
gliich schwätzt wie mier.

I de Kammer obe hands grüemt, wie da
schö iigricht sei. Ond denn häd de Maa ve-
zellt, wie ieren Urgrossvatter vo Oberegg uus-
gwanderet sei. D Famili hei zwor de Namme
Breu uf Van der Breuen veholänderet, aber
onderenand heiids all Dialekt gschwätzt ond d
Schprooch möge phaalte. Sini Frau sei uur-

schprüngli e-n-Emmetaleri, ond i ierner Famili sei all bberneret worde. Ond etz freuersi eelend, as er vo üüs uus Glegeheit hei, sini Vewandte z Oberegg ond i de Rüüti z bsuechid.

Die gmögege Lüütli hand üüs guet gfalle, ond z Oobet hammers zom z Nacht iiglade. Ond bimmene feine Glas Wii ischt uusgibi glachet worde, wommer ene d Gschicht vo de lange Lüüt ond de kuerze Better vezellt hand.

aaltfräntsch *urtümlich*
wohrli *wahrhaftig*
Berni *Berneck*
Ziischti *Dienstag*
freuersi eelend *freue er sich enorm*
gmögig *nett*
hammers iiglade *haben wir sie eingeladen*
wommer ene vezellt hand *als wir ihnen erzählten*

De Liechtbilderoobet

Waren das noch Zeiten, als man sich gegensei-
tig zu gemütlichen Lichtbilderabenden ein-
lud. Gemütlich? Aber sicher nicht bei Berta
und Köbi im Appenzeller Vorderland...

Vor em Mittagesse hädmer d Mari de seb
Brief vorglese, wo de Bott am Vormittag
proocht häd: «Liebe Mari, lieber Gust, be-
reits zum 20. Mal haben wir Ferien in Spani-
en verbracht. Dabei sind herrliche Dias ent-
standen, die ihr unbedingt sehen müsst! Des-
halb laden wir euch kommenden Samstag
herzlich zu einem gemütlichen Lichtbilder-
abend ein.»

I ha s Gsicht vezoge: «Du waascht jo, wa
da giid: en toodlangwilege-n-Oobet miteme
Huffe Bildli, wiemers scho mengmol hand
möse-n-aaluege. Ond di meischte z hell oder z
dunkel ond eersch no uuscharf. Naa, do
goommer nöd!» D Mari lachet ond seid, si hei
scho zuegseid. Mier mösid goo, alls ander wär
meh as uuhöfli.

S Berteli ond de Köbi hand üüs willkomm
gkhaasse ond i di guet Schtube-n-ini gfüert.
Alls isch grüscht gsii: d Liiwaand, de Projek-
ter, vier Teller ond Wiigläser. «Machidigis be-
quem, mier holid no näbis z essid», ond schon
hands üüs elaa loo.

Uf em Tisch sönd schö de Reije no fööf volli
Magazin glege, jedes mit föfzg Bildli. Tifi

ha-n-i s Zweit packt ond i de Mitti drüü Dia usizoge ond defüer anderi dritoo, wo-n-i im Kittelsack gkha ha. Mini Frau häd mit groossen-Auge zueglueget, aber nünt me köne säge oder frooge, wil de Köbi ond s Berteli i dem Augeblick mit beleite Bröötli ond zwoo Wiiguttere zruggko sönd.

«So, etz kas losgoo, i wünsche recht vill Vegnüege!» Es isch gnau e so gsii, wie-n-is vemuetet ha: uuscharfi Bildli, ond fascht ali mit em Berteli vo vorne, vo henne, im Wasser, im Ligeschtuel ond mit Lockewickler am Zmorgebüffe. Bim zweite Magazin ha-n-i schadefroh aagfange schmöllele. Ond scho häds de Klapf too: e jungs Fräulein immene knappe Bikini häd etz di ganz Liiwand uusgfüllt.

Ufgregt häd s Berteli wele wisse, wer da sei. «Ka Ahni», schtaggelet de Köbi ond truckt wädli uf de Knopf. Wo etz s gliich Maatli no nööcher ond sogär uhni Obertaal vo de Badhose dogschtande-n-ischt, lood s Berteli en luute Giips aab. «Eelende Glüschtler, sofort ufhööre! Du häsch die Fotene sicher doo gmacht, wo-n-i ase s Abfüere gkha ond de ganz Tag im Hotelzimmer ha möse bliibe! Do momme si jo bis in Bode-n-ai schämme! Pfui, du truurige Sukerli!» Denn häd si s Liecht aazöndt ond iere Maa aagfange-n-uusfröögle.

Mier zwaa sönd debii vegässe ggange, ond miteme kuerze «Danke füer de schö Oobet, adie mitenand» sömmer zom Tüerloch uus ond zom Auto. Kumm sömmer dinn gsii, ha-n-i glachet wie nöd gschiid. Da ischmer

aber hantli vegange, wommi d Mari böös aa-
lueget ond frooget, wie-n-i denn eigentli zo
dene uusuubere Bildli gko sei. Ond wor-
schindli hett me uf em nögschte Bild di gliich
Jumpfere no sogär baarefüdli gsäche.

O bi üüs isch etz wacker luut worde, aber
Nööchers wettigi i dem schpezielle Fall nöd
vezelle. Aber aas kanigi veroote: Sit em sebe
Zwüschefall hammier vom Berteli ond em
Köbi nie me e-n-Iiladi zommene gmüetlege
Liechtbilderoobet übergkoo.

Bott *Briefbote*
machidigis bequem *macht es euch bequem*
näbis *etwas*
tifi *flink*
schmöllele *schmunzeln*
ka Ahni *keine Ahnung*
en Giips *ein spitzer Schrei*
Abfüere *Durchfall*
hantli *rasch, schnell*
aber Nööchers wettigi *aber Näheres*
  möchte ich euch
aber aas kanigi veroote *aber eines kann*
  ich euch verraten

Rennfieber z Walzehuuse

Das Autorennen Rheineck – Lachen hat uns Buben mit dem Rennvirus infiziert. Im Sommer waren Wettkämpfe mit Eigenbau-Seifenkistenwagen Trumpf, und im Winter wurden Rennen mit Schlitten ausgetragen. Dabei blieben Ernst und ich mit unserem stolzen Zweierbob allerdings erfolglos…

Wil i de Föfzgerjohr d Auto no Selteheitswert gkha hand, hammer üseri Schlittelrenne uhni wiiteres ab de «Sonne» im Moos is Dorf ond bis gi Rhinegg ai köne mache. Noch amm vo dene Renne häd de Ernst Egger vo de Lache vom Fritz Feierabend vezellt, wo doozmol ann von beschte Zweierbobpilote gsi ischt. Ond wer en guete Schlitte hei, gwönni jedes Renne.

En Huffe Buebe ond o de Ernst Züst vo de Franzewaad ond ii hand üüs vom Feierabend ond vo de Bobidee begeischtere loo. I de Garasch vom Tüermlihus vo mine Eltere hammer useme groosse ond amme klinne Schlitte en Zweierbob bbaut. Ond da uf ganz afachi Art: Mier hand beid Schlitte miteme lange ticke Brett vebonde. Henne hammer gnaglet, ond vorne isch de kli Schlitte i de Mitti mitere äänzige ticke Schruube aagmacht worde, as mer hand köne schtüüre. Denn sönd no zwaa Küssi zom Abhocke uf em Brett aabbonde worde, ond scho isch de Bob fierti gsii.

Am Samschti vom Renne hammer üse Bob i Richti Lache zoge. Im gääche Schtutz noch em Nord hammer gmierkt, wie de Schlitte schwär ischt. «Da isch guet», freut si de Ernst, «je meh Gwicht, deschto gröösser s Tempo. Damol butzid mier ond machid Eerschte, do bi-n-i bombesicher!»

Vor de «Sonne» häd me veschidenschti Vehikel köne beschtuune. «Jechteroondoo, gad zwe Schlitte zämmegnaglet, isch da alls? Ond da söll en Bob sii? Mit demm kommider nöd wiit», häd üüs de Hugo uusglachet, wo en bäumege Schlitte bi-n-em gka häd. I hammi gwehrt ond säg, da sei denn im Fall de bescht ond schnellscht Bob, mier seiid zeerscht z Rhinegg onn.

Vor em Schtart sömmer is Reschterand, wo üüs d Wiertslüüt heisse Tee gofferiert hand. Denn hand ali ierni Schlitte ond Bob uf de iisige Schtrooss iigschtellt. Noch em luute Komando: «Achtung, bereit, fertig, los!» häd jede Mitfahrer e paar Schritt gschtoosse ond isch denn ufgjuckt. Ond scho sönd die Gfährt in Schuss gkoo.

Üse Bob aber isch scho bald noch em Aaschtoosse schto plibe. «Heinomol, mier sönd scho z henderscht, gib nomol aa!», ha-n-i em Ernst befole. Er machts, ond scho sömmer wider gschtande. Ufgregt ha-n-i s Büxli mit Schmiersapfe zom Sack uus. Mier hand de Schlitte gkippet ond d Kuufe iigsalbet. Debii bi-n-i e paar Mol mit de Hand phanget.

Etz hammer de Bob zo de nögschte Schtroosselampe zoge ond sächid, wie vier Schrüübli vo de Kuufe en halbe Santimeter

usigschtande sönd. «Da isch Sabotasch, do häd
nebert gladwärchet ond ommegschruubet, wo
üüs de Siig nöd mag gonne!», ha-n-i gsackeret
ond debii s Pflänne z vorderscht gkhaa.

Mier hand de Hugo ond de Hansruedi im
Vedoocht gkhaa, aber da häd üüs etz o nöd
wiitergkholfe. Mit em Sackhegel hammer d
Schrüübli initrüllet, aber de Bob häd o etz nöd
recht wele laufe. Mier hand ufggee, ond wie
gschlagni Hönd sömmer uf em tunkle Hen-
derwaldschtröösseli i d Franzewaad gloffe,
wommer üseri Fehlkonstrukzio i Züstes Re-
mise veschwinde lo hand.

Tuuch sömmer am Määnti druff i d Schuel.
Ond wiemmers hand möse gwärtige, sömmer
vo üserne Koleege noch Schtrich ond Fade

uuszännet worde. Ond wos nöd hand wele
hööre ond all wider noch em beschte ond
schnellschte Bobschlitte gfrooget hand, ham-
mier üüs im letschthenderschte Eggli vom
Pauseblatz vekroche.

henne hammer gnaglet *hinten haben wir
    genagelt*
im gääche Schtutz *im steilen Hang*
damol butzid mier *diesmal siegen wir*
ufgjuckt *aufgesprungen*
phanget *hängen geblieben*
nöd mag gonne *nicht gönnen mag*
Sackhegel *Taschenmesser*
initrüllet *hineingedreht*
uuszänne *verspotten*

25

De Polizischt vo de Rüüti

1922 geboren, war Martin Eugster-Bänziger
ab 1949 Gemeindepolizist in Reute. In den
Anfangsjahren jagte er Verbrechern mit dem
Velo nach. Später erleichterte ein Töff der
Marke Kreidler seine Arbeit.

De Gmaandspolizischt vo de Rüüti, de Mar-
tin Eugster, isch mit sinere Frau Idi i de Rohne
dehaam gsii. D Frau häd e wichtegi Rolle
gschpillt, häd si doch nebscht de Schriibärbete
s Telifoo möse hüete ond iere Maa gi sueche,
wenn er verlangt worde-n-ischt. De Martin
isch vo morge früe bis zoobet schpoot onder-
wegs gsii, wil er nebscht em Polizeidienscht
no en Huffe-n-Ämtli gkhaa häd. Ond ebe,
Händy häds halt doo no kani ggee.
  S isch Mitte de Föfzgerjohr amme Tag im
Jänner mit ordli Schnee gsii, wo d Wierti vom
«Bruggtobel» z Mohre, d Hulda Ahlmaa, uf-
gregt telifoniert ond in Hörer ini glööslet häd:
«I mos liisli schwätze, as er mi nöd höört. I de
Wiertschtube hocket en noobel aagleite
Schlunggi, wo en tüüre Sibedezi-Wii trinkt
ond uusgibi veschperet. Ond worschindli wott
er nöd zale. Er seid, er hei gad e Tuusigernoote
debii ond nünt Klinners. I ka nöd usigee, i ha
doch nöd ase vill Geld im Hus. Könnt de Mar-
tin nöd wädli vebikoo gi luege?»
  D Idi häd s Telifoo em Maa uusgricht. Ond
dä isch mit sim Güferli volle Polizeimaterial
uf de Kreidler gkhocket ond abgfahre. Er häd

eelend möse-n-ufpasse, wils aseweg hääl ond schliferi gsi ischt. Im Schache a de Poscht ond am «Krüüz» vebii isch guet ggange. I de scharfe Räänk ob em Wolftobel ischt er aber böös is Rutsche gkoo ond ommgkeit. D Gufere ischt ufgschpickt, ond scho ischt alls veschtreut am Bode glege.

Emm isch zom Gfell nünt passiert, ond won-er aafangt, s Züüg zemmelese, haltet nebet emm en tolle BMW. En noobel aagleite Herr schtiigt us ond frooget früntli, öb er kö helfe. «Gern, i ha pressant, i bi polizeilech onderwegs», seid doo de Martin ond freut si über d Hülf. «Wa, polizeilich?», frooget de Maa ond häd uf zmol nootli gkhaa. Er truckt em Martin s Messband, wo-n-er ufglese häd, i d Hand, seid kuerz «Adie» ond fahrt tifi ufwärts i Richti Oberegg devoo.

De Eugster schüttlet de Kopf, luegetem noo, schtiigt uuf ond fahrt wiiter. Im «Bruggtobel» isch de Gascht veschwunde gsii. «Er häd gseid, we-n-i nöd kö usigee, kämm er schpööter vebii gi zale. Ond scho ischt er fuert gsii», häd d Wierti gjoommeret. Ond wo si vezellt, wie de Maa uusgsäche häd, ischt em Martin e Liecht ufggange.

Augeblickli häd er uf s Polizeikomando z Troge telifoniert, häd d Nummere ZH 29411 düeriggee ond de Gauner samt em BMW beschribe. Ond no am gliiche-n-Oobet isch de Schlunggi bi-n-ere Vekehrskontrolle im Thurgi is Netz ggange. S Auto isch gschtole ond d Tuusigernoote veschwunde gsii, ond im «Bruggtobel» wartet me no hütt uf s Geld füer de tüür Sibedezi ond de wärschaft Veschper.

1972 isch d Polizei kantonalisiert worde, ond d Gmaandspolizischte sönd veschwunde. Im gliiche Johr häd de Martin Eugster o no d Autoprüefi gmacht. Bis zuer Pensionieri im 1987 ischt etz d Ärbet vill ringer gsii. Ond glich tenkt er nöd uugern a di sebe Zitte zrugg, womme d Schlunggi no mit em Velo oder em Töffli gschnappet häd – oder o nöd.

Idi *Ida*
Rohne *Rohnen Weilername*
Mohre *Mohren, Ortsteil von Reute*
Ahlmaa *Ahlmann, Familienname*
ini glööslet häd *hinein geflüstert hat*
Schlunggi *Gauner*
Güferli *kleiner Koffer*
hääl ond schliferi *glatt und rutschig*
emm isch zom Gfell *ihm ist zum Glück*
häd nootli gkhaa *hatte es eilig*
Veschper *Zwischenmahlzeit am Nachmittag*

28

De Lehrer mit em Holzbaa

Überall und auch im Appenzellerland gab es früher kleine Aussenschulen. Sogar im Weiler Hub, Wolfhalden, wurde 1786 ein Schulhäuschen erbaut. Ab 1793 wirkte hier Lehrer Hans Conrad Sturzenegger, dessen Holzbein die Kinder staunen liess.

«Er kond, er kond, sönd rüebi!», häd de Miggi Hohl, de grööscht Sibetklässler, i aannere Lüüti grüeft. Uf ann Schlag isch im klinne Schuelzimmer mucksmüüslischtill gsii, ond etz hands ali gkhöört. Klock, klock, klock häds duss gkitte, ond d Goofe hand gwisst, as etz de Lehrer d Schtege-n-uuf hülpet. Wie de Blitz sönds ufgschtande ond rüefid: «Grüezi, Herr Lehrer!» «Guete Morge wohl mitenand», seid er früntli ond hinkt nebet de Ofe. Dei häd er s recht Hosebaa ufizoge, de Rieme onder em Knüü uftoo, s Holzbaa abtoo ond uf d Schitterbiig gleid. Druffai ischt er zom Pult ond häd d Krucke a d Wand glahnet. Ond d Schüeler hand wie jede Tag mit groosse-n-Auge zom hölzege Baa überigschtuunet.

En Lehrer miteme Holzbaa? De Sturzenegger isch zäh Johr lang Söldner bi de Holänder gsii. Nochere schwäre Veletzi immene Gfecht hädmerem de Onderschenkel mösen-abneh. Er isch zrugg in Kurzeberg, ond wil er häd köne lese, schriibe ond rechne, handse i de Hueb als Lehrer iigschtellt.

S ischt en eelend kalte Tag im Horner gsii, ond allpott häd s Vreneli Züst, d Föftklässleri, wo nebet em Ofe gkhocket ischt, wider e Schittli oder zwaa noogschoppet. De Kopf häd si aber gär nöd bim Füüre gkhaa. Si häd wädli wider zrugg an Blatz wele, wo si schöni Buechschtabe uf e groosses Bapier häd tööre schriibe. Füer d Ooschtereschrift. Nochere Viertelschtond isch si wider zom Ofe, gi zwaa Schittli nolegge. Wo si an Blatz lauft, lueget si zrugg, veschrickt, lood en luute Giips ab ond fangt luut a pflenne.

Ali luegid zeerscht s Maatli, denn de Ofe ond zletscht d Schitterbiig aa. «Jechteroondoo, s Holzbaa! Wo ischt em Herr Lehrer sis Baa?», rüeft de Ruedi, ond d Vrene häd etz no vill lüüter pröölet. O de Lehrer lueget etz zom Brennholz füeri ond waass augeblickli, wa passiert ischt. Ond im Ofe-n-inn häds gflacket, gkrooset ond gknischteret.

D Schüeler, ond vor alem s Vreneli, sönd uf näbis gfasst gsii ond hand kumm me gwooget z schnuufid. Wo doo aber de Lehrer aafangt pfnittere ond pfnuttere ond zletscht luut lachet, häds i de blaache Goofegsichter wider Farb ggee. Ond s isch nöd lang ggange, bis alls gigeret ond o glachet häd.

De Schuelmeischter häd d Kend hammgschickt, ond em Maatli häd er befole, si mös de Vatter gi hole. «Mosch nöd angschte, Vreneli», häder gseid. «Dinn Vatter tod jo nebscht em Puure o no schriinere, ond er kammer sicher e neus Baa mache.» Ase isch denn o gsii,

ond no am gliichege Oobet häd de Lehrer
Sturzenegger e neus Holzbaa gkhaa. Aber no
lang häd me im gaanzne Kantoo ond drüber-
uus gschpöttlet, wiemme z Wolfhalde alls ond
no sogär d Baa vo de Lehrer vefüüri.

hülpe *hinken*
hädmerem de Onderschenkel *hat man ihm
    den Unterschenkel*
Horner *Februar*
allpott *immer wieder*
nooschoppe *nachschieben*
en luute Giips *ein lauter, hoher Schrei*
pflenne, brööle *weinen*
ond waass augeblickli *und weiss sofort*
pfnittere, pfnuttere *kichern*
mosch nöd angschte *musst keine Angst haben*

Kriesi vom Klöschterli Grimmeschtaa

Wieder einmal fiel der Beginn der Sommer-
ferien mit dem Reifen der Kirschen zusam-
men. Schon lange hatten wir den stattlichen
Baum beim Kloster Grimmenstein im Auge…

Wer z Walzehuuse ond i de nööchere Omm-
gebi feini Kriesi häd wele, ischt i d Hochrüü-
ti oder uf Romeschwande-n-abi. En schöne
Bomm mit Klepfkriesi ischt aber o bim
Klöschterli Grimmeschtaa gschtande, ond es
isch de Hansruedi gsii, wo am sebe warme-
n-Oobet en Bsuech bi de fromme Fraue vor-
gschlage häd.

S ischt am Iitunkle gsii, wo mier vom
Schwimmbad uus am Schportblatz vebii duer
de Schüchter i d Gruusegg, in Kuss ond denn
in Blatz abi gloffe sönd. Über d Wis sömmer
wie Indianer geg s Klöschterli ond de Bomm
gschliche. Ka Mensch ischt omme gsii, ond wo
s Glöggli nüüni gschlache häd, hammer enand
gkholfe, de Schtamm dueruuf z kletterid. Jede
häd en ringe Ascht zom Abhocke gsuecht,
ond denn isch losggange mit Inischoppe.

Wos all no rüebi gsi ischt, hammer lüüter
aagfange schwätze. Ond wil mier no nebe
emol volli Büüch gkha hand, hammer enand d
Kriesischtää aagschpeuzt. Uf zmol isch s
Liecht bi de ondere Tüer aaggange. «Heino-
mol, schtill, d Schwöschter Kreszenzia!», häd

de Toni vom Nord glööslet. Er isch de änzi Katholik vo üüs fööf Buebe gsii, ond er häd d Pförtneri augeblickli gkennt. «Da isch denn im Fall e Räässi, die hädmer im Untericht scho meh als emol e Flattere ggee.»

Ond scho isch d Nonne onder em Bomm gschtande. «So ier Schnuderi, sofort abikoo!», häd si mit ere giftege Schtimm luut ufi-gschumpfe, ond vo Frömmi ond Vebärmscht hammer gär nünt gschpüürt. Wenns hell gsi wäär, hett me gsäche, wie mier veblaachet sönd. De Roli, de Migg ond ii hand zom Hans-ruedi überiglueget, wo i demm Augeblick ann vo sine guete Iifäll gkha häd.

«Packid uus ond lond laufe!», häd er befole. «Wa laufe loo?», häd de Roli afäälti gfrooget. Wo-n-ers aber höört ruusche ond plätschere, häd o er de Schlitz uftoo ond abiprönzlet. «Ier eelende Sukerli, Frau Muetter, Frau Muetter, z Hülf!», häd donn d Kreszenzia grüeft ond ischt i Richti Klöschterli devogscholperet.

«Etz aber abi ond fuert, mier tröffid üüs im Hasebronne!», befilt üsere Aafüerer. Ond scho sömmer aigjuckt ond wie Rageetene s Wegli dueruuf uf d Schtrooss. Weg em Schpringe ond em schlechte Gwisse hammer wacker Herzpoppere ond Siteschteche gkhaa, wommer wider binenand gsi sönd.

S uuguet Gfühl häd üüs no e paar Täg ploo-get. Wil mier aber weg de lange Sommerferi nöd i d Schuel ond d Katholike o nöd in Un-tericht hand möse, isch di ganz Gschicht vesandet ond i Vegesseheit groote. Veges-

seheit? Aber nöd bi üüs! Wenn ann vo de doo-
zmolege Kriesischelm «Lond laufe!» rüeft,
sömmer augeblickli wider d Luusbuebe uf em
Kriesibomm bim Klöschterli Grimmeschtaa.

Schüchter *Name einer Waldung*
rüebi *ruhig*
e Räässi *eine Griesgrämige*
Flattere *Ohrfeige*
vo Frömmi ond Vebärmscht *von frommer
    Gesinnung und Erbarmen*
Schnuderi *Schlingel*
Kriesischelm *Kirschendieb*

De Wasserpuur

Wer die Milch wässert und damit ein Grund-
nahrungsmittel verfälscht, wird hart bestraft
und geächtet. Zu den ertappten Milchpan-
schern gehörte auch Emil Berweger…

De Wolfhäldler Sideweber Ernst Tobler (1918–
1987) häd nebscht em Pruef o no Gschich-
te gschribe. Sis Büechli «Mier Kuerzeberger»
isch scho lang vegriffe. Er vezellt onder ande-
rem vom riiche Migg Berweger, wo e sönnegi
Puurehaamet gkha häd.

De Emil, oder ebe de Migg, ischt en
Kraampfer gsii ond häds zo näbis proocht.
Gliichzitti ischt er aber zomme eelende Giiz-
krage worde, ond je meh Geld as er gkha häd,
deschto meh häd er wele. D Alma, sini Frau,
häd guet zonem passet: o si ischt eelend uf s
Geld uus gsii.

Wo-n-er o wider emol mit de fascht vollne
Milchtaase füer de Weg i d Kääsi grüscht gsi
ischt, häden s Plätschere vom Bronne vor em
Schtall fascht maagisch aazoge. Ond scho häd
er d Taase vom Buggel abi ond mit em Teckel
guet zwee Liter Wasser dezuegleert. Da mierkt
ka Mensch, ond wenn i da all Tag mach, ha-n-
i ends Monet e schös Schübeli Milchgeld meh,
häder gsinnet ond ischt uf de Weg.

E paar Wuche isch guet ggange, aber wo-n-
er amme Ziischti i d Kääsi kond, ischt en Poli-
zischt uf em Vorblatz gschtande. «So, Berwe-
ger, i mos vo jedere Milch zwee Dezi mitneh.

Zuer Kontrolle, wil näbis nöd schtimmt», seid er. Ond scho schöpft er e kliises Quantum ine Gütterli ini, wo mit «Berweger» aagschribe gsi ischt. De Puur häd schwadregi Knüü gkha ond schtaggelet, bi emm sei denn im Fall alls i de Oorni. De Polizischt lachet ond määnt, denn seis jo guet ond er hei nünt z befürchtid.

Ond denn isch es halt ebe uusgkoo. Fööf Prozent Wasser häds i Berwegers Milch gkhaa. S häd e saftegi Puess ond e Vewarni ggee, ond em Käser häd er e paar hondert Franke möse zale. Ond d Puurekoleege hande vo etz aa lenggs ligge loo.

De Berweger häd si gschwoore, as da nomme vorkämm. Aber noch e paar Mönet hädse halt glich wider packt, ond vo etz aa häde de Bronne nomme looschloo. Ond wider isch langiszitt nünt passiert. Wo-n-er aber amme Meckti im Horner mit de Taase uf em Buggel de Kääsi zuelauft, sächt er de Polizischt, wo-n-em engege lueget. Wider häd er lööonteregi Knüü gkhaa ond fieberhaft überleid, wa-n-er söll too.

Kuerz vor de Kääsi häds vom Pfade e Schneemade über s Schtröösseli gkhaa. De Berweger isch mit Fliiss drübergschtolperet, ond scho flüügt er de langeweg uf de Buuch. De Teckel vo de Taase ischt eweggschpickt, ond d Milch vesickeret im Schnee. «Hand Ier da extere gmacht?», schnoret de Polizischt ond seid, as mit de Milch scho wider näbis nöd klappi. «Ier hand jo selb gsäche, as i gschtolpe-

ret bi, wil me nöd recht pfadet häd. Uf jede Fall isch bi mier alls suuber, ier könid jo morn kontroliere», häd si de Puur bim Ufschtoo ufloo.

Wo-n-er hammgko ischt, häd er wacker Schiss vor de giizege Frau gkhaa. Weg de uusgleerte Milch, wos etz halt ka Zalltag defüer gid. D Alma häd aber gär nöd gkiibet ond seid: «Etz hammer aber grooses Gfell gkhaa. Guet, as du gschtolperet bischt. I ha nämmli doo, wo du in Schtall ini bischt gi d Schtifel aalegge, o no fascht drei Liter Wasser i Taase inigleert.» Beidi hand denand aaglueget, aber lache hands gär nöd möge, wils gnau gwisst hand, as da de letscht Zwick a de Gaassle gsi ischt. Vo etz aa isch de Berweger all am Bronne vebigmaschiert, aber de Namme «Wasserpuur» ischt er sinnerlebti nie me losworde.

Milchtaase *Rückentraggefäss für Milch*
Kääsi *Käserei*
e schös Schübeli *ein beachtliches Quantum*
Ziischti *Dienstag*
Gütterli *kleine Flasche*
es ischt uusgkoo *es kam ans Tageslicht*
amme Meckti im Horner *an einem
    Mittwoch im Februar*
mit Fliiss *mit Absicht*
wacker Schiss *grosse Angst*
Gfell *Glück*
de letscht Zwick a de Gaassle *die letzte
    Chance*

Zonebezogni Brieffrankatur

Nicht schlecht staunte Chläus Dörig unlängst am Postschalter in Teufen. Grund war die neue Frankaturordnung für B-Post-Briefe…

Doletscht isch de Chläus Dörig vo de Waldegg z Tüüfe uf Poscht. Er häd e Paar Guwäär uf de Schaltertisch gleid ond seid zom Fräulein: «Ali fööf B-Poscht», ond zücht de Geldseckel zom Hosesack uus. «Aha, uf Urnäsch», seid d Jumpfere. «Momentli, da hammer wädli!» Debii lueget si uf en Plan volle Farbfelder ond Zahle. «Vo Tüüfe uf Urnäsch sönds vier Zone. Da macht viermal 85 Rappe, also 3 Franke 40. Ond dä Brief do? Uf Wiifelde im Thurgi? Augeblick …» Ond wider häd d Frau de kompliziert Plan gschtudiert ond prommlet näbis vo fööf Zone. «Jo, da wärid denn 4 Franke 25.» Ond wiiters isch ggange. «Uf Züeri? Da liit usserhalb vom Ostwind-Zoneplan. En Moment bitte!» Si lauft a di hender Wand, wo en riisege Plan mit de ganzne Schwiz hanget.

«Zo…, Zo…, Zone? Wieso? Wa söll da?», schtaggelet de Chläus. «Aber Herr Dörig, hand Si üsers Rondschriibe nöd übergkoo? Dei wierd di zonebezoge Brieffrankatur gnauschtens erklärt ond begröndet», lachet s Schalterfräulein. «Di neu Taxorni für B-Poscht-Brief haltet si an Zoneplan vom öffentleche Vekehr. Füer d Nööchi langet de Ostwind-Plan. Wer mit de Bahn uf Wenterthur fahrt, reist duer veschideni Tarifzone. Ond je wiiter de Weg, deschto meh Zone ond hööcher de Priis. Da lüüchtet doch ii, oder? Ond as si Poscht mit em Frankiere neuerdings an Zoneplan vom öffentleche Vekehr haltet, isch logisch ond macht alls afach. E guet überleiti ond kondefrüntlegi Sach!» Ond denn truckt si am Chläus en Plan mit de Zonenummere vo 1 bis 954 i d Hand.

Logisch, afach ond kondefrüntli… De Chläus häd leere gschluckt. Er zallt 7 Franke 65 füer die beide B-Poscht-Brief uf Urnäsch ond Wiifelde. Die andere drei häd er wider mit. Brief für Bekannti z Basel, z Olte ond z Adelbode. Wie vill Zone hetts ächt de Adelbodner Brief troffe, gohd em duer de Kopf. Zwanzg? Oder no sogär drissg? Drissg mol 85 Rappe … Bi de Hööchere vo de Poscht häds schimbar gad no Gschtudierte ond ka Gschiidi me. Sönd denn ali überigschnappet? Veruckt …

Er ischt uf Appezell, wo alls nöd ase gääch gnoh wierd. Ond ase isch denn o gsii. Wo de Chläus am Schalter weg de Zone frööget, lachet de Poschthalter: «Aha, Si kommid vo Tüüfe. Dei isch me halt modern, ond dromm wierd all wider emol Neus uusprobiert. Jo, i de letschte Täg sönd scho en Huffe zonefrankaturgschädegti Tüüfner bi üüs am Schalter gsii. Drümol B-Poscht? Macht 2 Franke 55.»

Uf em Hammweg häd de Chläus tüüf iiond uusgschnuufet, ond denn häd er ali Obere vo de Poscht samt ierne schlaue Iifäll duer ali Zone düeri is Pfefferland gwünscht.

doletscht *neulich, unlängst*
da hammer wädli *das haben wir schnell*
hetts ächt *hätte es wohl*
nöd ase gääch *nicht so obrigkeitsgläubig*
duer ali Zone düeri *durch alle Zonen*
   hindurch

S Wonder im «Seeblick»

1961 gründete der Schaffhauser Erich Schmid das Feriendorf Wienacht. 1976 konnte er mit Gattin Rita das erste und 1989 das zweite Kurhotel «Seeblick» eröffnen, wo schon bald ein Wunder viel zu reden gab …

Im «Seeblick» häds all o Kurgäscht gkhaa, wo hand möse oder wele abneh. «Mender Pfond, besser gsond!» isch s Motto vo de Faschtekur gsii, ond folgli häd me weni ggesse ond vill Wasser ond Krüütertee trunke. Zuesätzli häd d Rita miteme scharfe Programm füer Bewegi gsorget. Ond jede Morge sönd d Kurante im Gymnastiksaal uf d Woog gschtande, ond bi jedem, wo de Zaager weniger Gwicht aaggee häd, hands gklatscht.

Am meischte abgnoh häd de Heinz Wolgesinger. Er häd d Kur uf Empfeli vo sinere Frau möse mache. Im wiite Morgerock mit sibe bbuuchete Usse-n-ond Innetäsche ischt er jewile uf d Woog gschtande, häd uf de Zaager glueget ond gschtrahlet wie-n-en Maiekäfer, wenn die aane applaudiert ond «Bravo, scho wider abgnoh!», gruefe hand. Ond denn ischt er bolzegrad i Richti Zimmer abmarschiert.

«Wie macht dä daa? Mi tunkts, de Wolgesinger sächi fascht no ticker uus als am Aafang. Ond vorgescht ha-n-e im Pärkli bim Schoggi schlööne vetwütscht, wa jo wäret de Kur schtreng vebotte-n-ischt», häd doo s Rösli Gerig vezellt, wo i de letschte acht Täg

gad drühondert Gramm abgnoh häd. «Da isch halt e Wonder», seid doo d Herta Gubeli. «Du bischt iifersüchti. Uf jede Fall lüügt d Woog sicher nöd. Freuid mier üüs über de Erfolg vom Herr Wolgesinger, er isch füer ali e groosses Vorbild.»

De Erich ischt im Büro am Buechhaltere gsii. Er häd vom Wolgesinger-Wonder gkhöört. Ond o er häd gfonde, dä Maa sächi all gliich faasst uus. I demm Augeblick hört er näbert im Gang vebilaufe. Er gohd usi gi luege ond sächt de Wolgesinger im Zimmer veschwinde. Ond uf em Bode liid näbis. De Erich bückt si, ond scho häd er en ronde Bolle wiisse Schtoff i de Hand, wo abnormal schwär ischt. Er lauft zrugg is Büro, schniidt de Schtoff uuf ond schtuunet über d Bleikugle, wo zom Vorschii kond. Ahaa, aseweg ... Ond denn häders de Rita vezellt.

Im Zimmer isch de Wolgesinger am Zelle ond Kröömli habere gsii. Vierzg Kugle häd er am Aafang gkhaa, ond jede Tag häd er vier weniger i de Täschene veschteckt. Ase hetts guet glanget füer e zähtägegi Kur mit Abnahme-Garantii. Ond etz fählt aani. Er häd si nöd wiiter Gedanke gmacht ond gfonde, da sei gliich, wer de Bolle fendi, köni nünt demit aafange.

Do häd er si aber gkhööri tüüscht. Am nögschte Morge isch de Wolgesinger vo de Rita abgfange worde. Si häd em is Gwisse gredt, ond er häd ali Kuglene ond Fressalie möse-n-abgee. Bim Wäge ischt er zwor vill liechter gsii als am Tag vorane, aber am nögschte Morge häd d Woog e Zuenahm vom Gwicht aaggeh. Etz hand füer de bschisse Kurgascht zwoo schtrengi Velängeriswuche uhni Blei, Schoggelaade ond Kröömli, defüer aber mit vill Wasser, Tee ond Schliimsuppe-n-aagfange. Drei Täg isch s Gwicht gliich plibe, ond eerscht ab em vierte Tag isch nodisnoo e Bitzeli retuur ggange. Sini Frau häd telifoniert ond e wiiteri Kurvelängeri velangt, aber vo demm häd de Bleikugle-Wolgesinger rein suuber nünt wele wisse.

mender *weniger*
wenn die aane *wenn die andern*
Schoggi schlööne *Schokolade naschen*
hört er näbert *hört er jemanden*
en ronde Bolle *ein kugelförmiger*
　　Gegenstand
Kröömli habere *Konfekt essen*
ase hetts guet glanget *so hätte es gut gereicht*
gkhööri tüüscht *gewaltig getäuscht*
nodisnoo *nach und nach*

D Rhiibrugg vo Schaffhuuse

Hans Ulrich Grubenmann aus Teufen (1709–1783) war seinerzeit der berühmteste Brücken- und Kirchenbauer. 1755 wurde er vom Schaffhauser Stadtrat mit dem Bau einer Brücke über den Rhein beauftragt…

De Hans Ueli häd ka hööcheri Schuel bsuecht, ond glich häd er scho früe zon beschte Baumeischter wiit ond braat gkhöört. E guets Totzed prächtegi Hüüser im Schtädtli Bischofszell, d Kierche vo Wädeswil, d Tobelbrugg zwüschet Hondwil ond Herisau ond en Huffe anderi Bauwerk träägid sini Handschrift.

Wo im 1754 z Schaffhuuse d Brugg über de Rhii iigschtüerzt ischt, häd de Schadtroot de Gruebemaa ufbbotte. D Herre hand gschtuunet ond glachet, wos de afach Puuremaa mit sim wackere Buuch gsäche hand. «Wa, dä will e Brugg über üsere Rhii baue? Cha denn dä daa?», häd de Rootsherr Stierli sim Koleeg Öchsli is Ohr iniglööslet.

Etz hands d Plän ond d Zeichnege vom Gruebemaa gschtudiert ond gkritisiert. De Baumeischter isch kumm zom Wort gkoo, ond scho bald ischt er wüetege abgreist. Ond won-er dehaam gfrooget worde-n-ischt, woromm as er z Schaffhuuse ase ufrüntli gsi sei, seid er, die Narre vo Schtadtrööt heiid emm all wele befele, wie-n-er d Brugg mös mache, aber nie gfrooget, wie-n-er si well baue.

Trotz em Schtriit häd doo de Gruebemaa e Modell möse mache, ond mit de klinne Brugg onderem Arm ischt er wider vo Tüüfe uf Schaffhuuse zo de Schtadtrööt. D Herre hand wider glachet ond gmäänt, die Brugg hebi nie. Etz isch de Gruebemaa mit sim ganzne Gwicht druffgschtande ond seid: «Wenn s kli Modell mi mag trääge, so treid die grooss Brugg o e paar Fuerwäärch!»

Da häd Iidruck gmacht. De Hans Ueli häd im Oktober 1755 de Uftrag übergkoo. Füer de Bau häd me meh als 400 Tanne us em Bregezer Wald ond öppe 400 000 Holzschendle vom Schwarzwald pruucht. Drü Johr schpööter isch di neu Schaffhuuser Rhiibrugg fierti gsii. Als eerschte Fuermaa häd de Ueli Erb vo Weenterthur tööre drüberfahre, wil er vor em Iischtuerz vo de aalte Brugg de letscht gsi ischt, wo drüber ischt.

Ond wenn französeschi Soldate bim Zruggmarschiere noch de verlorne Schlacht bi Stockach am 13. April 1799 em Gruebemaa sini Brugg nöd aazönt hettid, wuer si hütt no schtoh.

cha denn dä da *kann denn der das?*
löösle *flüstern*
heiid emm all wele befele *hätten ihm immer*
    befehlen wollen
die Brugg hebi nie *diese Brücke halte nie*
nöd aazönt hettid *nicht angezündet hätten*

48

Gschiide Bueb ond
tomme Vatter

Nur ungern gibt Vater Gust zu, dass er in schulischen Bereichen von seinem Sohn Ruedi längst überflügelt worden ist. Auch die mathematische Wanderung geht zu Ungunsten des Seniors aus…

Samschtinacht isch gsii, ond s isch geg di Zwölfi ggange, wo d Mari ond ii no all am Schtubetisch zue gkhocket sönd. Alls ischt überschtellt gsii mit halbleere Kafitassene, mit vollgschribne Zedel, Rechnisbüecher, Messband, Holzmannsgöggel ond de Schtoppuhr. De Grond füer d Suorni uf em Tisch ischt e Rechnisufgob gsii, wo üüs de Ruedi vo de Schuel hammproocht häd. Ond nomol ha si de Mari vorglese:

«Karl und Hans – wohnhaft in den 8,5 Kilometer voneinander entfernten Dörfern A und B – vereinbaren ein Treffen. Karl aus A sagt, dass er Hans um 9 Uhr entgegen zu wandern beginne. Er gedenke, pro Stunde 5 Kilometer zurückzulegen. Der in B wohnhafte Hans ist einverstanden. Er werde jedoch mit der Wanderung erst um 9.15 Uhr starten, dafür aber ein Tempo von 6 Stundenkilometern anschlagen. Wann und wie weit von B entfernt treffen sich die beiden Freunde?»

Etz häd d Mari zwee Mannsgöggel zo de beidne mit A und B aagschribne Kärtli ani-

gschtellt, ond i ha uf de Knopf vo de Schtopp-
uhr truckt. Gliichzitti häd si d Figur Karl am
Messband noi i Bewegi gsetzt. «Halt, nöd ase
schnell!», ha-n-i grüeft ond debii de Schtart
vom Hans vepasset. Nocheme bööse Blick vo
de Frau hammer nomol aagfange. Etz häds
gklappet, ond die beide Mannsgöggel hand si
128 Santimeter vo B ewegg troffe.

Wommi d Mari noch de Zitt frooget, sägi:
«Nüni föfezwanzg.» «Nüni föfezwanzg? Da
ka gär nöd sii, da schtimmt nie!», reklamiert si
ond häd ufgregt im Buech «Rechnen für El-
tern» plätteret, wo üüs de Ruedi miteme
früntlige Gruess vom Lehrer hammproocht
häd. Ond i ha wider probiert, s Resultat vom
Schtubetisch nocheme selber erfondne mathe-
matische Schlüssel uf s Gebiet zwüschet A
ond B ommzrechnid. Aber scho bald ha-n-i
ufgee, wil mier die Sach scho längschtens vet-
laadet gsi ischt. I ha de Frau vorgschlage, da
Problem am Soonti im Rahme vo üserem Fa-
milieschpaziergang z lösid.

Nochere kuerze Nacht häd üüs s Gschell
vom Wecker a üseri Sorge erinneret. «Uf-
schtoh, s isch Zitt füer di mathematisch Wan-
deri!», ha-n-i am Bueb i d Kammer inigrüeft.
Er häd gmuulet ond seid, as die Ufgob bubig
sei, er teu si üüs noch em Zmorge erkläre.
«Nünt isch, etz wierd gloffe», ha-n-i zrug-
gee. «Hütt zaaget dier din Vatter wider emol,
wie grechnet wierd! Schliessli ha-n-i doozmol
bim Lehrer Hofschtetter all zon Beschte
gkhöört!»

Mit em Auto sömmer uf Heide gfahre, wo d Rolle vo A gschpillt häd ond wo-n-i d Mari ond de Ruedi uusglade ha.

I bi zrugg uf B, uf Walzehuuse. I ha uf d Uhr glueget ond gsäche, as i no e Wiili uf s Kanabee könnt ligge. Ond weg de lange Rechnisnacht ha-n-i augeblickli tüüf pfuuset. Im Tromm ha-n-i schaarewiis Mannsgöggel gsäche, wo imme Hölletempo vo A uf B ond zrugg marschiert sönd.

Uf zmol ischt i de Schtube en keibe Lärme gsii. I bi vetwachet, ond mini Frau ond de Bueb hand mi gär nöd grüemt, wils füer d Katz gege B gloffe sönd ond uf Begegni mit mier, em Hans vo de Rechnisufgob, passet hand.

Wenn ond wo si die beide Kollege tröffid? I waasses hütt no nöd. Aber frögid doch de Ruedi, schliessli häd er d Rechnisprüefi mit eme glatte Segser beschtens beschtande.

Holzmannsgöggel *Spielfiguren*
Suorni *Unordnung*
nomol ha si *nochmals habe ich sie*
hütt zaaget dier *heute zeigt dir*
pfuuse *schlafen*
ha-n-i *habe ich*
passet hand *gewartet haben*
i waasses nöd *ich weiss es nicht*

51

Feini Haselnüss vom Henderholz

Babetta Bänziger alias Regelis Babette war ein Häädler Original, das mit ihrem Verhalten, aber auch ihren Kommentaren und Antworten immer wieder für Schmunzeln und Lachen sorgte. Nicht ums Lachen zumute war es hingegen Briefträger Eugster, der Babette die Post zustellte …

Regelis Babette ischt im Henderholz im Grenzgebiet vo Haade ond Oberegg i de Nööchi vo de Wiertschaft «Grütli» dehaam gsii. Bi ere isch es schuuli afach zue- ond herggange, ond si isch mit weni z fride gsii. E kli Geld häd si als Heimarbeiteri mit Uusschniide vedienet, ond Ärbet hädere de Schtickereifabrikant Tobler im Nord zuegkhebet.

Wenn s Babettli jewile mit uugliiche Schue, imme ticke Weenterock im Sommer, innere Allgäuer Trachtebluuse ond amme farbege Tirolerhuet samt Hennefedere ond Gamsbart im Dorf uftaucht ischt, häds e-n-halbe Volksuflauf ggee. Alls häd glachet, d Goofe söndere noogschprunge, ond d Kurgäscht hand über s grooss Dorforiginal gschtuunet.

Jede Samschti hädere de Bott, de Noldi Eugster, d Häädler Zitti proocht. Ond fascht jedesmol hädsem e Säckli mit Haselnüss i d Hand truckt. D Nüss sönd wunderbar weich

gsi ond hand en schpezielle Guu gkhaa, ond bim Zrugglaufe häders mit Gnuss ggesse.

Im Hierbscht häd er d Babette gfrooget, wo si d Nüss her hei, omm s Hus ommi heis jo wiit ond braat ka Haselschtuude. «I esse halt allpott e Tafle feini Krachnuss-Schoggi», vezellt doo s Fräuli. «Ond wil i jo fascht ka Zäh me ha, ka-n-i d Nüss nöd vebiisse. Aber i phaaltes di lengscht Zitt im Muul, bis i o s klinnscht Bitzeli Schoggelaade eweggsuuget ha. Denn leggis zom Tröchne uf Zittibapier, ond schpööter füllis aab ine Säckli. Do, logid, i ha scho wider aas füer eu grüscht.»

De Eugster häd leere gschluckt ond s Säckli gnoh, wo-n-em d Babette anigkhebet häd. Ggesse häd er aber nünt, ond uf em Abiweg zrugg is Dorf hädsem eelend gruuset, ond s ischtem kötzeli gsii.

I de Poscht häd er d Nüss ine Schäleli inigleert, wo uf em Tisch im Ufenthalts- ond Znünizimmer gschtande-n-ischt. Scho bald sönd ali ggesse gsii, ond wo d Koleege gfrooget hand, woher as er die feine Haselnüss hei, seid er, si seiid vo Regelis Babette. Aber si kö halt nomme guet biisse. Vo de Schoggi ond vom Suuge häd er aber ka Wörtli veluute loo.

Ali hand Freud am Gratisznüni gkhaa, ond allpott häd etz de Noldi füer Nochschub gsorget. Jedesmol häd o de Poschtvewalter Jakob Etter wacker zueggriffe ond grüemt, wie etz o die Nüss mit em schpezielle Henderholz-Guu e Güeti seiid. De Eugster häd amel en Guete

54

gwünscht ond gschmöllelet. Ond eerscht, wo
Regelis Babette onderem Bode gsi ischt, häd
er de Koleege reine Wii iigscheenkt.

schuuli afach *sehr einfach*
d Goofe *die Kinder*
Bott *Briefbote*
Noldi *Arnold*
en schpezielle Guu *ein besonderer Geschmack*
allpott *häufig*
leggis *lege ich sie*
do, logid *da, schauen Sie*
eelend kötzeli sii *starken Brechreiz verspüren*
reine Wii iigscheenkt *die Wahrheit erzählt*

Karbidschüüsse,
e Buebevegnüege

Schiessen mit Karbid war für uns Buben ein Riesenvergnügen. Wir holten unsere Karbidbrocken jeweils beim Dorfflaschner Titus Künzler, beim Schlosser Zuberbühler im Güetli oder bei Kupferschmied Niederer in der Lachen. Die Handwerker benötigten die chemische Substanz zum Schweissen…

Am Silveschtermorge ond am Soonti vor de Landsgmaand hammier Buebe z Walzehuuse i aller Herrgottsfrüeni mit Karbid gschosse. Wie da ggange-n-ischt? Me häd e Büx miteme Klemmteckel pruucht, ond in Büxebode hammer miteme Nagel e Löchli gschlage. Denn häd me e Schtückli Karbid initoo, druffgschpeuzt ond de Teckel fescht aatruckt. Druffai häd jede Bueb sini Büx tifi uf de Bode gleid ond mit em Fuess fixiert. Us em aagfüechtete Karbid häds e Gas ggee. Ond etz isch de grooss Moment gkoo: D Schütze hand e Zöndhölzli as Löchli anigkhebet, ond scho isch s Gas miteme uunige Klapf explodiert. D Büxeteckel sönd wiit ewegg gschpickt, ond die klinnere Buebe hands möse gi zemmelese.

Mini Eltere hand mi nöd wele gi schüüsse loo. Ond i wär ase gern ggange. De Hugo häd doo d Idee mit em Schternlifade gkhaa, wommer bi de Betti Kurt im Lädeli bim Bahöfli poschtet hand. Vo minere Schloofkammer uus hammer de lang Fade de Huswand no abi veleid ond zonderscht e kli veschteckt aagmacht. «Im Bett bendscht de Fade am groosse Zeche-n-aa. Am Morge züch i draa, ond denn kletterisch am Pfättenerohr no abi!», häd er befole.

S häd wunderbar gklappet. I ha vor em Silveschtermorge kumm gschloofe, ond scho bim eerschte Züpfle vom Fade bi-n-i hellwach gsii. Wie-n-e Wiseli bi-n-i aigkletteret. Donn hädmer de Hugo mini Büx ond en Brocke Karbid i d Hand truckt, ond los isch ggange. Mier sönd am Bahöfli zue, ond schtändi häds gklepft ond tätscht. E paar Maatle hand zueglueget, ond s Annerösli vom Fridhofweg häd üüs eelend grüemt ond seid, as mier zwee am lüüteschte klepfid. Noch em Schüüsse hammersi hammbegleitet, ond jede hett si gern als Schatz gkhaa. D Froog, wele as bi ere ächt könnt lande, ischt aber offe plibe.

Kumm isch s Neujohr vebi gsii, hammer üüs scho uf s Schüüsse vor de Landsgmaand ond no meh uf s Annerösli gfreut. «Gell, wecksch mi denn wider, i ha de Fade scho gricht», ha-n-i am Hugo am Samschtimorge i de Schuel zueglööslet. «Jo, jo, machemer», häd er prommlet. I bi früe is Bett ond ha de Fade volle Vorfreud am Zeche-n-aabbonde.

Damol bi-n-i vom Klepfe ond vom Scherbele vo de Teckel vetwachet, ond veruss isch scho zimmli hell gsii. Wie-n-en göölete Blitz bi-n-i as Feeschter. I ha zeerscht geg s Bahöfli glueget ond denn vor s Huus. I bi veblaachet, wo de

Hugo mit em Annerösli Hand i Hand ve-
bilauft. «Du truurege Sukog!», ha-n-em noo-
grüeft, aber er häd nöd de gliiche too, ond scho
bald ha-n-i s Päärli us de Auge veloore.

Wo-n-i am Määnti min Gschpaane aa-
gschnoret ha, määnt er, er hei am Fade grupft
wie nöd gschiid, aber i hei nöd reagiert. Ond
wo-n-er no ase schiiheili seid, s Annerösli hei
gfrooget, wo-n-i o bliibi, hettem de liebscht
e saftegi Flattere ggee, wil i gnau gwisst ha,
as er lüügt ond mi im Schtich lo häd. Aber
wo-n-i doo s Annerösli im Sommer noch em
Schwimmbad meh as emol ha tööre hammbe-
gleite, isch de Hugo samt Schternlifade ond
Karbidschüüsse füer e Wiili vegesse gsii.

Flaschner *Spengler*
Büx *Büchse*
druffgschpeuzt *daraufgespuckt*
uunige Klapf *gewaltiger Knall*
Pfättenerohr *Ablaufrohr der Dachrinne*
am lüüteschte klepfid *am lautesten knallen*
hammersi hammbegleitet *haben wir sie nach
    Hause begleitet*
wele as bi ere könnt lande *welcher bei ihr
    Chancen habe*
scho gricht *schon vorbereitet*
zueglööslet *zugeflüstert*
nöd de gliiche too *nicht reagieren*
grupft wie nöd gschiid *überaus heftig gezogen*

Moderni Kunscht

Moderne Kunst ist nicht jedermanns Sache.
Jedenfalls waren Gust und Mari alles andere
als begeistert, als sie ihren ehemaligen Nach-
barn zuliebe die Vernissage von Jack Lutz in
der «Krone» zu besuchen hatten...

Wacker ufgregt isch si gsii, d Mari, wo si i mis
Bürööli ini gschprunge-n-ischt. «Du, Guscht,
waascht, wer etz telifoniert häd? Naa, du ka-
sches nöd wisse. Lutzes, üseri aalte Nochbuu-
re, wo etz z Sanggalle dehaam sönd. Sü ladid
üüs zuer Vernissasch ii, ieren Bueb, de
Tschägg, hei e-n-Uuschtelli mit moderne Bil-
der i de ‹Krone›.»
   «Wa für en Tschägg?», ha-n-i prommlet.
«Ebe, de Joggeli oder Jakob. Do mommer
goo, da sömmer Lutzes schuldi.» Wo-n-i säg,
de Joggeli sei doch nöd de Hellscht gsi ond
me heie o noch de Schuel niene köne bruuche
ond dä wel etz uusgrechnet en Künschtler sii,
isch mer d Mari böös über s Muul gfahre. «D
Frau Lutz hädmer vezellt, wie de Tschägg de
Knupf uftoo ond als Moler en uusnahm guete
Namme hei. Sogär z Amerika hei er scho
uusgschtellt. Häsch gkhöört, z Amerika! Al-
so, tenk draa, am Samschti uf di Sibni!»
   Mit eme luute «Hello, how are you? Nice to
see you!» ischt en junge, rondomm tätowierte
Kerli miteme Rosschwanz ond amme Nase-
ring uf üüs zuegschlaarpet. Denn isch de
Tschägg wichti ewegg gschtolziert, ond etz

hand üüs d Eltere in Beschlag gnoh ond ieren
Bueb in Himmel uiglupft. Uf zmol aber ischt
alls veschtillet, ond en pringe Maa mit Wulle-
käppli, Nickelbrille ond Heilandsandale häd
aagfange referiere:

«Liebe Kunstfreunde, herzlich willkom-
men zur einzigartigen Ausstellung ‹Transzen-
dente Visionen› von Jack Lutz. Schon in den
frühesten Jugendjahren liess unser in einem
idealen psychosozialen Umfeld gereifter
Künstler ausserordentliches Talent erkennen.
Bereits seine durch erstaunliche Dichte und
Tiefe bezüglich Formen und Farben beste-
chenden Kindergartenzeichnungen überzeug-
ten die Fachwelt. Die Ausserrhoder Kultur-
kommission zeichnete das Jungtalent verdien-
termassen mit einem Förderpreis aus und ...»

Mier hand de gschiid Maa schwadroniere
loo, ond i ha d Mari zom sebe Tisch anizoge,
wo Wiisswii ond gluschtegi Häppli parad gsi
sönd. Mier hand veschtolis trunke ond gges-
se, ond denn wider e kli zuegloset. De Redner
häd näbis vo guraschiertem Pinselschtrich,
vo bestechender Brillianz ond krischtallkla-
rer Uusagekraft gschwaflet. Ond zletscht
ischt er luut worde ond seid: «Im Interesse
eines optimalen Kunstgenusses ist dringendst
empfohlen, die vom Künstler in äusserst an-
spruchsvoller ‹position couchée› geschaffe-
nen Werke mit stark nach rechts geneigtem
Kopf zu geniessen!»

Alls ischt etz mit schräge Köpf vor de Hel-
ge gschtande, ond i ha mit groosse-n-Auge uf

di klinne Zädeli im ondere rechte-n-Egge
gschilet, wo vierschtellegi Zahle druffgschtan-
de sönd. D Mari isch vor em sebe Bild vewiilet,
wo en eelende Duerenand vo gschtrichlete ond
uuszogne Linene zaaget häd. «Wie de Schnitt-
muschterboge vo mim Hoogsihääss», löösled
si. «Da söttid mier kaufe, zuer Erinneri …!»

I ha de Kopf gschüttlet ond d Frau hofeli
zom Uusgang tirigiert. Mier sönd in «Wilde
Maa» is Leuche-n-usi, wommer üüs binere
Käässchnitte ond amme Halbliter vo de mo-
derne Kunscht erholt hand. Joo, ond denn

mööst i no säge, as üseri beide Wolfhäldler
Tökter a de nögschte Täg uusnahm vill Pazi-
ente mitere bööse Halskehri i de Schprech-
schtond gkha hand ...

waascht, wer etz *weisst du, wer jetzt*
do mommer goo *da müssen wir gehen*
schlaarpe *schlurfen*
veschtolis *heimlich*
Helge *Bild, Bilder*
Hoogsihääss *Hochzeitskleid*
löösled si *flüstert sie*

S Perlecollier

Sie war eine auffällige und sympathische Erscheinung, die langbeinige Brünette mit ihrem prachtvollen Perlencollier. Holdereggers Augen wanderten immer wieder an die Bar des Kurhotels, wo die Frau bei einem Drink verweilte und ab und zu ein paar Worte mit dem Barmann wechselte...

Mit sim Gschäft häds de Heiri Holderegger zo näbis proocht, ond nöd uugern häd er mit sim Vemöge prallet. S Geld mös me schaffe loo, häd er allpott vezellt. Aber sit d Banke fascht ka Zees me gend, häd er d Freud am Geldhüffele veloore. Me mös halt nöd alls ase altmöödi i Schparkonti ond Kasseobligazione aalegge. Gold, Diamante oder hochwertige Schmuck kaufe ond im richtege Moment wider abschtoosse, da sei etz di richti Strategii, häd em doo de Treuhänder Alder groote. Ond wider lueget de Heiri a d Bar überi, wo d Perle vo de Kettle am Hals vo de schöne Frau im röötliche Liecht vo de Bar wunderbar glinselet hand.

Noch em zweite Gläsli Roote ischt er a d Bar ond frööget, öb er töör Blatz neh. Si ischt iiveschtande gsii, ond er häd zwaa Cüpli bschtellt. Vor de Frau sönd farbegi Proschpekt glege. «Jetzt günstige Traumferien in der Südsee buchen», häd de Heiri köne lese. Er seid, as er o emol im grössere Rahme möcht vereise, aber ebe, d Zitt. Rappe hei er gnueg, aber es fehli a de Zitt. Denn häd er vo sine Gschäft vezellt ond all wider di wunderbar Kralle aagschtuunet.

Miteme «Äxgüsi, isch erlaubt?» häd etz uf de andere Site vo de Frau en nooble Herr Blatz gnoh. Nocheme Blick uf d Proschpekt seid er: «In Süde vereise wär schö. Aber no vill schönner ischt ierni Perlekettle, e so näbis Tolls han-i scho lang nomme gsäche, ond i säch vill wertvolle Schmuck. I bi Juwelier miteme-n-aagne Gschäft. Töör i emol mit em Vegröösserisglas d Perle-n-aaluege?»

D Frau gidem d Kettle i d Hand. Er nehnt e Lupe us em Kittelsack ond prüeft etz d Perle aani omm die aa. Denn häd er en tüüfe Schnuuf gnoh ond rüemt: «Tahiti-Perle. Wunderbar, präzis e so näbis suechi scho lang. I büttene zähtuusi Franke bar uf d Hand, wa määned Si?»

De Holderegger nebetzue isch veblaachet. Denn häd er si en Schupf ggee ond seid: «Zähtuusi? Mier isch die Kralle elftuusi wert!» Ond wo doo de ander zwölftuusi offeriert, häd de Heiri no föfhondert meh bbotte. «I gib si uugern us de Hand, s ischt e-n-Aadenke a mini lieb Grosmueter. Aber iiveschtande.» De Frönt häd em Heiri zom guete Schick gratuliert. Dä griift i d Brieftäsche, truckt de Frau zwölf Tuusiger- ond fööf Hondertnote i d Hand ond nehnt miteme wackere Schtölzli d Kralle in Empfang. D Frau häd si verabschidet. De Perle-Fachmaa isch no e Wiili plibe, häd em Holderegger nomol gratuliert ond seid, da sei e-n-uusgezeichneti Kapitalalag, wo-n-em hütt Oobet groote sei.

Guete Schick, uusgezeichneti Kapitalalag…
Jede-n-Oobet häd de Holдеregger d Kettle
zom Tresor uus ond a de Perle ommegfinger-
let. Uf zmol aber häd er e-n-uuguets Gfühl
gkhaa, ond noch zwoo Wuche ischt er uf
Rhinegg zom Schelling, wo o Schmuck faal
häd. Dä häd s Collier o miteme Vegröösseris-
glas aaglueget, aber nöd lang. Er lachet ond
määnt: «Moodeschmuck, guet gmacht, fach-
männisch imitiert, aber högschtens zwaa oder
allefalls drühondert Franke wert!» «Drü…,
drü…, drühondert Franke, veruckt, wa…,
wahnsinni, töör doch nöd wohr sii», schtag-
gelet de Heiri ond isch miteme füürzöndroote
Kopf zom Lade-n-uus ond wie-n-en gschlag-
ne Hond de Berg düeruuf hammzue.
Füürzöndrooti Köpf häd o seb Päärli gk-
haa, wo fascht im gliichege Wiili a de Sonn
ammene Schtrand uf de Insle Tobago gkho-
cket ischt. Mit vollne Gläsli i de Hand. Füür-
zöndrooti Köpf weg de Sonn, weg em Alko-
hol ond vor alem weg em schtändege Lache
ond Gigere über de afäälti Holderegger, wo-n-
ene mit sinere Tömmi ond Geldgiir zo schöne
Feeri i de Karibik veholfe häd.

näbis *etwas*
Zees *Zins*
glinsele *glitzern*
Kralle *Halskette*
Kittel *Veston, Jackett*
präzis *genau*
i büttene *ich biete ihnen*
guete Schick *guter Kauf, gutes Geschäft*
faal haa *feil halten, anbieten*

«S ischt wiitommii böös!»

1996 wurden Lina und Konrad Sonderegger, Heiden (beide mit Jahrgang 1911), für ihre zwanzigjährige Tätigkeit als Wanderleiter im Dienste des Kurorts Heiden geehrt. Koni Sonderegger war Schneider von Beruf, und in jungen Jahren war er häufig auf der Stör ...

En Störschniider schaffet im Hus vo sine Konde. De Koni häd en guete Namme gkhaa, ond dromm ischt er o öppe im Rhintl a de Ärbet gsii. Bim riiche Beck Hutter häd er e Komfirmandehääss ond zwaa Päärli Hose füer de jüngscht Bueb möse zämmeschniidere. Füer s Uselese vom Schtoff ond s Aamesse sönd Hutters uf Haade gkoo. Füer s Schniidere aber handse wele im Hus haa.

Wo de Koni am Morge am halbi Sibni im Tal onn iitroffe-n-ischt, häd d Frau Hutter, e uumögegi Pfluttere, gad de Lade uftoo. Heinomol, häd da guet gschmeckt vo frische Fööfpfönder ond tunkle Püürli. Am Koni, wo fascht nünt zmorge ggesse gka häd, isch s Wasser im Muul zämmegloffe. D Hutteri häd em d Schtube zaaget ond befole, er söll hantli aafange ond jo nöd schlaampe.

En Schwick schpööter isch de Koni im Schniidersitz uf em Tisch fliissi a de Ärbet gsii. «Gad no e Schtond», häd er vor si heriprommlet, wo-n-ers vo de nööche Kierche hört achti schloo. Bi jedem Viertelschtondeschlag häd er si meh gfreut ond plangeret ...

Entli isch nüüni gsii, aber nünt isch passiert. Wo de Zaager vo de Turmuhr uf zäond gschtande-n-ischt, isch de Koni in Lade-n-abi, wos ordli Konde gkha häd. Er isch vor Tüer gschtande ond häd aas über s ander Mol i aannere Lüüti grüeft: «S ischt wiitommi böös! S ischt wiitommi böös!»

D Lüüt hand s Poschte bliibe loo ond sönd zom Lade-n-uus gi gaffe ond lose. Wo doo ann frooget, wa wiitommi böös sei, seid de Koni, er tööris nöd säge, er mös s Muul phaalte. Ond denn rüeft er nomol: «S ischt wiitommi böös! S ischt wiitommi böös!»

Denn ischt er wider überufi i d Schtube. Hennedrii isch d Becki gko ond häd o wele wissi, wa omms Himmelsgottserdewille wiitommi böös sei, er vetriibi jo ali Konde. «Also, Sonderegger, use mit de Schprooch!» Etz schmöllelet de Schniider ond määnt: «Frau Hutter, de Lüüt ha-n-is nöd wele veroote, aber eu sägis etz: S ischt wiitommi böös, as i no kann Znüüni übergko ha!»

D Frau isch miteme suure Gsicht ond uhni e Wörtli z sägid usi. Nocheme Wiili bringt s Dienschtmaatli zwaa Püürli ond seid, er hei Gfell, s hei no vooregi vo vorgescht. Ond füer de Tuerscht hädsem e Glas suure Wii anigschtellt.

Ab em nögschte Tag häds doo aber gfreieret. Vo etz aa häd em de Beck, en leiige Maa, jedesmol en Znüni mit frischem Brot, Schmalz ond heissem Kafi proocht ond en Guete gwünscht. Ond er häd em Schniider o de Loh

zallt, wo-n-er fierti gsi ischt. D Hutteri hinge-
ge häd si nomme blicke loo.

Uf em Hammweg häd si de Konrad über di
fööf gscheenkte Nussgipfel gfreut ond gfonde,
es sei denn scho no wiitommi böös, as e so en
leiige Maa e deregi Surampfere zuer Frau mös
haa. Ond debii häd er a sis Liineli tenkt, wo-
n-er halt schuuli gern gkha häd.

wiitommi böös *überaus schlimm*
Hääss *Kleidung, Anzug*
handse wele im Hus haa *wollten sie ihn im
Haus haben*
uumögegi Pfluttere *unsympathische,
sehr dicke Frau*
Fööfpfönder *2,5-Kilo-Brotlaib*
gad no e Schtond *nur noch eine Stunde*
s Poschte *das Einkaufen*
d Becki *die Bäckerin*
Znüüni *Zwischenmahlzeit um neun Uhr*
er hei Gfell *er habe Glück*
vooregi vo vorgescht *übrige von vorgestern*
en leiige Maa *ein sympathischer Mann*
Schmalz *Butter*
häds doo gfreieret *wurde es besser*

D Silvia suecht en Feerifründ

Im Sommer will Silvia Ferientage mit einem Freund verbringen. Der besorgte Vater ist über diese Idee alles andere als begeistert...

Im März 1977 häd d Silvia Kelleberger de zwanzigscht Gebuertstag köne fiire. Etz isch si volljöhri gsii, ond si häd de Eltere gseid, as si halt gern en Fründ hett, ond mit demm wett si denn im Sommer i d Feeri.

Mier ali wissid, wie vor vierzg Johr en Vatter uf en derige Wunsch vonnere Töchter reagiert häd. Ond de Kelleberger isch do ka Uusnahm gsii. «Uugkhürootne miteme Maa i d Feeri? Da kasch rondeweg vegesse, da kond nie in Froog!», häd er si ufloo ond gschnoret.

D Silvia häd doo all wider bi de Muetter gmüedet. Si häd füer die Sach meh Veschtändnis gkhaa ond gid de Töchter folgende Root: «Wegemine, Silvia, denn toscht halt e Schiffer-Inserat i d Appezeller Zitti. Schriibscht ‹Junge, hübsche Tochter sucht netten Ferienfreund›. Ond denn luegid mier d Aameldege-n-aa ond fendid sicher näbert, wo zo dier passet.»

Ond ebe, bimmene Schiffer-Inserat häds jo am Schluss schtatt em Namme gad e paar Zähleli ond Buechschtabe, enaart en Code, ond no bi de Zitti waass me, wer s Inserat ufggee häd ond wemme d Brief mos wiiterleite.

S Inserat «Junge, hübsche Tochter ...» isch doo amme Friiti erschine. Ond weg em Ommweg über d Zitti häd d Silvia e paar Täg möse

Geduld haa. Aber vom Meckti aa häds förmli gkhaglet vo hellblaue ond roseroote Briefli, ond wer no vill meh Wonder gkha häd als d Töchter, isch d Muetter gsii.

Am Soonti hädsesi nomme köne zrugghebe, ond si frooget: «Silvia, häsch vill Aameldege übergkoo? Häsch gueti Aameldege übergkoo?» Doo määnt Töchter: «Jo, jo, ond tenk emol, sogär de Vatter häd si aagmolde!»

Wo doo de Vatter vom Früeschoppe hammgko ischt, häds bi Kellebergers wacker gkitte. Vom Ehekrach häd aber d Silvia rein suuber nünt gkhöört, wil si i ierer Kammer obe mit em Lese ond Sortiere vo de Brief ond Föteli meh as gnueg z tänd gkha häd. Ond wo doo de Fründ a de Ooschtere s eerschmol is Hus gko ischt, häd de Vatter gad no e kli gknuret. Ond nöd emol me gknuret häd er im Sommer, wo d Silvia mit ierem Gschpaane volle Freud i d Feeri vereist ischt.

wegemine *meinetwegen*
ond wemme d Brief *und an wen man*
  die Briefe
amme Friiti *an einem Freitag*
Meckti *Mittwoch*
hädsesi nomme *hat sie sich nicht mehr*
Föteli *Fotografien*
z tänd gkha häd *zu tun hatte*

73

De Tifiger isch de Gschwinder

1652 entstanden im Kurzenberg die nur un-
weit voneinander entfernten evangelischen
Kirchen von Heiden und Wolfhalden. Im da-
maligen Bauwettstreit hatte Heiden die Nase
vorn…

De Kurzeberg ischt e Grossgmaand mit de
hüttege Dörfer Haade, Wolfhalde ond Lutze-
berg-Wienachte gsii. D Lüüt hand uf Thal abi
möse i d Kierche. I de 1640er-Johr häd me doo
bschlosse, im Kurzeberg e-n-aagni Kierche z
bauid.

Etz häds aber weg em Schtandort en bööse
Schtriit ggee. D Wolfhäldler ond d Häädler
hand d Kierche bi ene wele haa, ond wil me si
nöd aas worde-n-ischt, häd di kantonal Obri-
keit letschtentli beide-n-Ort e Bewilligung
zom Baue ggee. Etz ischt en richtige Bau-
Hoselupf aaggange, hand doch beid Dörfer
zeerscht wele fierti sii.

Wil die beide Baufachlüüt Hans Scharpf ond
Hans Singer us em Lechtal im Voralbergesche
anno 1648 z Schwellbronn obe e wunderbari
Kierche bbaut hand, sönd d Kurzeberger o is
Lechtal usi gi frooge. D Wolfhäldler sönd als
eerschti duss gsii, ond de Scharpf hädene zue-
gseid. D Häädler sönds inne worde, ond sü
hand o venoh, as de Scharpf mit sine Manne am
15. Mierz 1652 z Gaassau am Rhii iitröffi.

Am sebe Tag ischt e Häädler Delegazio i
aller Hergottsfrüeni is Fahr uf Rhinegg abi,

wos uf d Voralberger Rhiifähre passet hand.
Wos ase wiit gsi ischt, hands d Lüüt us em
Lechtal abgfange ond uf em schnellschte Weg
uf Thal ond de Rossgalge dueruf uf Haade
gfüert. Wo de Scharpf e-n-uuguets Gfühl gka
häd, hand d Häädler gseid, er mös ka Bedeen-
ke haa, es sei alls mit Wolfhalde abgschproche.
D Wolfhäldler sönd eerscht geg de Oobet is
Fahr abi, ond wo de Fährmaa über de Rhii gko
ischt, häd er vezellt, wie de Scharpf samt sine
Lüüt vo de Häädler abgkholt worde sei. Wo
doo d Wolfhäldler i aannere Verückti zo de
Nochbuure sönd gi reklamiere, hädmes uus-
glachet, ond de Scharpf seid, er kö nomme
zrugg, etz hei er de Bauvetrag halt scho onder-
schribe, si sölid doch de Singer gi frooge. Ond
am 23. Mierz 1652 isch z Haade de Grond-
schtaa füer d Kierche gleid worde.
En Wolfhäldler Bott isch flüch oder i nemm-
di is Lechtal usi gritte, wo-n-er de Hans Singer
mit bewährte Baulüüt häd köne vepflichte. Sü
sönd augeblickli uf de Weg, ond am 30. Mierz
häd me o z Wolfhalde de Grondschtaa gleid.
Ond etz ischt alls dragsetzt worde, zom de
Rückschtand ufzholid ond de Bauwettschtriit
glich no z gwönnid. Aber da isch nöd groote,
wil d Häädler all wider emol gladwärchet ond
mengs Fueder Schtabruchmaterial gschtole
ond uf ieren Bauplatz gfüert hand.
Kumm e halb Johr schpööter – am 12. Sep-
tember 1652 – häd me z Haade d Kierche ii-
gweiht. Ond am 19. September vom gliichege
Johr ischt o z Wolfhalde s Fescht vo de Iiweii

gsii. Aber no lang hand d Häädler über d Wolf-
häldler glachet ond mit em Schpruch «De Tifi-
ger isch de Gschwinder» all wider füer bööses
Bluet gsorget.

Die lachende Dritte bim Schtriit sönd d
Lutzebergler gsii: Sü hand gseid, de Bau vo
beidne Kierchene göngs en Dreck aa, sü zalid
nünt ond gängid o i Zuekumft uf Thal abi i d
Kierche. Ond a demm häd si bis uf de hütti Tag
nünt gänderet.

de Tifiger *der Schnellere*
wil me si nöd aas worde-n-ischt *weil man
    sich nicht einig wurde*
sönds inne worde *haben es erfahren*
Gaassau *Gaissau (Vorarlberg)*
hädmes uusglachet *hat man sie ausgelacht*
flüch oder i nemmdi *in höchster Eile*
mengs Fueder *manches Fuder*
Iiweii *Einweihung*

De veschwunde Schiilift

Kurz nach der 1964 erfolgten Eröffnung des Skilifts von Heiden auf den Bischofsberg wurden mit dem Bau weiterer Schlepplifte in Oberegg und Grub die Wintersportgebiete St. Anton und Kaien erschlossen. Ein weiterer Lift wurde 1968 in Eggersriet eingerichtet, der unlängst von einem deutschen Kurgast verzweifelt gesucht wurde …

Bis hütt ischt e-n-Akziegsellschaft füer de Eggersrieter Schiilift zueschtändi. Wäret lange Johr isch de Franz Fuchs Präsident gsii, ond zo sine treue Helfer hand de Peter Kobelt, de Roman Altherr ond de Fritz Öhrle gkhöört. Über drissg Johr isch d Anni Frehner mit ierer Famili füer de Betriib verantwortli gsii, ond en Huffe Goofe freud si jede Weenter über s Schiifahre vor de Hustüer, sofern s gnueg Schnee häd.

D Generalvesammlege vom Franz sönd all e Glanzlicht gsii, womme guet ggesse ond wacker gfiiret häd, ond jedesmol häd de Präsident mit de Handorgle füer beschti Schtimmi gsorget. Ond öppe drei Täg schpööter häd me amel i de Zitti en Pricht wie öppe dädo köne lese:

«Auch in der letzten Saison erfreute sich das durch einen Skilift erschlossene Gebiet Spitze grösster Beliebtheit. Das nördig gelegene Gelände mit seinem breit auslaufenden Hang bewährte sich einmal mehr als einzigartiges Paradies für kleine und grosse Skifahrer und Snowboarder aus nah und fern ...»

Vor wenige Johr ischt im Schpoothierbscht en Tütsche mit sim Mercedes fascht im Schrittempo z Eggersriet ond i de sanggallische Grueb ommenand gfahre. I de Hand häd er en Zittisuuschnitt gkhaa, ond allpott häder aagkhaalte ond halbluut glese: «Skilift ..., breit auslaufender Hang ..., Paradies ...» O bim Vezwiiger vo de Hööchischtrooss ischt er schtohplibe, häd wider glese ond vezwiiflet noch Schiiliftmaschte, Bügel ond Ommlaufrad Uusschau gkhalte.

I dem Augeblick lauft em d Anni über de Weg. Si frooget de Tütsch, öb er näbis suechi. «Gute Frau, wo ist denn das herrliche Skigebiet Spitze mit seinem breit auslaufenden Hang und dem Lift? Gibt es auch eine Sesselbahn? Und ein Bergrestaurant? Ich möchte mit meiner Familie im schönen Eggersriet gerne einen Skiurlaub verbringen.» Ond denn häd er de Anni de Zittisuuschnitt onder d Nase gkhebet.

«Schiilift? Sesselibahn?» Etz häd d Anni glese ond fangt luut a lache. Denn häd si de Kurgascht ufgklärt: «Mier hand en Zittischriiber, wo gern e kli übertriibt ond o no dei rüemt, wos nünt z rüemid gid. Loged Si, doo ischt amel de kli Schiilift, wo jedes Johr wider abbaut wierd.» Debii zaaget si mit de Hand uf de braat Schpitzihang.

«Was, abgebaut? Kinderskilift? Einfach verschwunden? Keine Sesselbahn? Und kein

Restaurant?», häd si etz de Tütsch eelend uf-
loo. D Anni nickt ond seid: «S ischt afach e
Schiiliftli füer d Goofe, aber Si könid glich
emol koo. Ond wenn Si kommid, vegessed Si
nöd, zwoo Gufere voll Schnee mitzbringid, i
de letschte Johr häd üüs nämmli de Weenter
all öppe im Schtich loo.»

Ond nomol futteret de Tütsch: «Kein Lift,
keine Bahn, kein Schnee und kein Restaurant
…! Unglaublicher Schwindel, in der Schwei-
zer Presse wird ja noch mehr gelogen als bei
uns in Deutschland! Diesen miesen Schrei-
berling muss ich mir mal vorknöpfen!» Denn
häd er miteme giftege «Tschüss!» d Autotüer
zuegklepft ond isch mit Vollgas uuf ond de-
voo.

en Huffe Goofe *viele Kinder*
wie öppe dädoo *wie etwa dieser hier*
allpott *sehr häufig, immer wieder*
zwoo Gufere *zwei Koffer*
nämmli all öppe *nämlich immer wieder*
futtere *aufbegehren, reklamieren*

Appezeller Bädli

Die Heilbäder in beiden Appenzell sind fast alle verschwunden. Diese Tatsache bewog Frau Niederer, die heimische Badewanne für Heilzwecke zu nutzen ...

Jechteroo-ond-oo, hammier früener en Huffe Bädli gkhaa. Wiissbad, Kaubad, Gontebad ond Jakobsbad im Innerroodische, s grooss Heinrichsbad z Herisau, s Ruppebädli z Urnäsch, s Bad Bruggli im Schönegrond, s Bad Störgel z Stää, s Bad Sonder hööch über Tüüfe, s Wiissbachbädli und s Kriegersmülibad, beidi im Büeler, im Goldachtobel s Trogenerbad, s Eierwasser-Bädli im Kaschteloch zwüschet Reechtobel ond Troge, s Neubad z Haade, s Bädli im Wolfhäldler Schönebüel, z Walzehuuse s Kurhus-Bad ond ... Ali sönds veschwunde, ond gad s Onderechschtääner Bädli ob Heide oder ebe Haade häd überlebt ond isch mit moderne Iirichtege de hüttege Zitt aapasset worde.

Ond etz zo de Ruth Niderer, wo en schwäärkrankne Maa gkha häd. All Wuche hädsesi mit ierer beschte Fründi, de Rös Manser, z Rhinegg im «Hecht» troffe. Ond jedesmol häd d Rös wele wisse, wies o em Erich, em Maa, gäng. Ond all häd d Ruth tuuch gseid: «Gär nöd guet, s gohd em scho wider e kli mender.» Ase isch langiszitt ggange, all di gliich Froog, ond jedesmol o di gliich Antwort.

Schpööter isch d Rös uf Züeri aizüglet, ond di beide Fraue hand si e kli us de Auge veloore. Wo si wider emol z Rhinegg gsi ischt, häd si mit de Ruth o wider im «Hecht» abgmacht, wo s früener mitenand gkäfelet ond prichtet hand. D Freud über s Tröffe isch grooss gsii, ond noch de neumöödege drei Küss uf beid Bagge häd d Rös ufgregt gfrooget, wies o em Erich gäng.

«Uusgezeichnet, er isch wider gsond», seid doo d Ruth ond häd über s ganz Gsicht möge lache. «Jo waa, toll, da freut mi, wa hander gmacht?» «Wammer gmacht hand? E Schampanierbad ha-n-em gmacht!» «Wa, e Schampanierbad, ond da häd gkholfe?», schtuunet etz d Rös. «Jo, jo, da häd gkholfe!» «Veruckt, e so näbis. Da ischt jo eelend tüür, wie vill Guttere hander pruucht?» «Hondertzäh Fläsche», määnt doo d Ruth. «Wa, hondertzäh Guttere! Veruckt, da gohd aber wa…, wa…, wacker is Geld!», schtaggelet doo d Rös ase ufgregt, wie wenn si de Schämpis hett möse zale.

Doo seid d Ruth i aller Seelerue: «Jo waascht, noch em Bade hammer alls wider zrugg i d Fläsche gfüllt. Ond teenk emol, am Schluss sönd no vier Dezi voori plibe!» D Rös häd zeerscht nünt gseid. Denn aber häd si fascht nomme köne hööre lache. Ond etz macht d Ruth de Vorschlag, asmesi s nögscht Mol im Onderechschtääner Bädli obe tröffi. Ond seb denn mit em Maa. Do määnt d Rös: «Iiveschtande! Aber i hoff denn afach, as de Erich s Bädli nöd mit de Badwanne vewegslet!»

Eierwasser *nach faulen Eiern riechendes*
    schwefelhaltiges Heilwasser
tuuch *bedrückt*
mender *schlechter*
neumöödi *modern*
beid Bagge *beide Wangen*
wa hander gmacht *was habt ihr gemacht*
Guttere *Flaschen*
voori plibe *übrig geblieben*
asmesi *dass man sich*

Eewis Lebe im Paradiis

Meine Eltern waren Zeugen Jehovas. An einem schönen Sommersonntag hatte ich mit Karl Einladungszettel für einen Vortrag im Lindensääli im Nachbardorf Wolfhalden zu verteilen ...

En wunderbare Soontivormittag isch gsii, wo de Karl ond ii mit üserne Gschpaane eelend gern is Schwimmbad wäärid. Aber nünt isch gsii. Mier hand möse onderem Dorf Iiladiszedel vetaale füer de Vortrag «Ewiges Leben im Paradies» am Nommittag im Lendesääli z Wolfhalde. Bi de Hustürene hammer amel glüütet ond d Zedel miteme früntlege Gruess abgee. Niemert häd Freud über d Schtööri am früene Soontimorge gkhaa, ond tifi sömmer jewile wiiter zom nögschte Hus.

Mier sönd a de Metzg ond am «Waldheim» vebii de Grond düerab i d Hochrüüti. Noch Bischofbergers sömmer über s Brüggli vom Bähnli zom Fridli Kelleberger, wo üüs Buebe wohl häd möge liide. Er isch Kliipuur, Sideweber ond gad o no en Gschpassvogel gsii, ond bi emm häd me all tööre in Webkäär ini gi zueluege. Wils ka Husglogge gkha häd, hammer onderem Schtubefeeschter a d Wand herigklocket.

Er ischt usigkoo, häd glachet ond seid, öbmer wider emol mösid füer d Bibelforscher Blättli ommitoo. Denn häders glese ond seid: «Gellid, ier wettid hütt Nommittag vill lieber is Schwimmbad schtatt is eng Lendesääli ini-hocke. Kommid i d Schtube-n-ini, i gibegi e Gläsli Moscht.»

Am Schtubetisch isch d Frau gsässe, wo miteme Messer Zittibapier uf d Gröössi von-nere Poschtkarte zuegschnitte häd. «Bapier füer s Läubli. Bi üüs i de Hochrüüti gohds halt o uf em Abtritt no aaltmöödi zue ond her», erklärt de Maa ond frooget, öb mier no vill Zedel heiid. «Vill z vill, öppe hondert», ha-n-i übertribe ond gsüderet, as mier bis in Wiiberg ond sogär uf Romeschwande abi mösid.

«Ier könid die Zedel ali doloo. Logid emol, die passid guet do ini», lachet etz de Kelle-berger ond häd üüs is Läubli usigfüert, wos weg em Tummiskaschte dronderzue wacker gschtunke häd. Nebet em hölzege Teckel über em Loch häds e Holzkischtli mit Zittibapier gkhaa, womme pruucht häd zom de Hender butze. Ond präzis i da Kischtli ini leid etz de Fridli üseri Zedel.

Er lachet ond seid, as mier etz nomme in Wiiberg ond uf Romeschwande abi mösid. I de Schtube-n-inn häd er nomol suure Moscht iigschenkt, wo üüs wacker in Kopf gschtige-n-ischt. Müede sömmer schpööter dueruuf ond hand gschlaampet, asmer nöd zfrüe de-haam gsi sönd.

Am Nommittag ischt im Lendesääli e-n-uunegi Hitz gsii, ond wäret em Vortrag sönd de Karl ond ii allpott vetnuckt ond fascht vo de Schtüel aigkeit. De Louis Meyer häd beid gschtupft ond frooget, öb üüs s eewi Lebe im

Paradiis nöd intressiere. «Momoll», hammer
gseid ond debii a s küel Wasser vom Schwimm-
bad tenkt.

Lendesääli *kleiner Saal im Restaurant Linde*
hammer amel *haben wir jeweils*
ond tifi sömmer jewile *und schnell sind wir*
 jeweils
Fridli *Alfred*
Sideweber, Webkäär *Seidenweber, Webkeller*
i gibegi *ich gebe euch*
Läubli, Abtritt *Plumpsklo, WC*
südere *verdriesslich jammern*
Tummiskaschte *Jauchegrube*
schlaampe *schlendern, langsam gehen*
uunegi Hitz *enorme Hitze*
vetnuckt *eingenickt, kurz eingeschlafen*

De zweit Früeli

Ferien verbringen und gleichzeitig preiswert die Zähne sanieren lassen – was heute Ungarn bietet, war früher im kleinen Dorf Wienacht möglich, wo Dentist Hermann Fisch wirkte und in Hotels logiert werden konnte. Und Kurgast Heribert von Kretsche erlebte hier sogar seinen zweiten Frühling…

Wo im 1875 d Häädlerbahn ufggange-n-ischt, häd o s kli Dörfli Wienachte profitiert. En Huffe noobli Gäscht us em Tütsche hand i de Hotel «Alpeblick» ond «Landegg» gloschiert. Ond wers mit de Zäh nöd rechte gkha häd, isch wäret de Feeri zom Fisch. Uf sine Hand- zedel, wo i de Hotel, Pensione ond Lädeli uf- glege sönd, häd me köne lese: «Dr. med. dent. Hermann Fisch, diplomierter amerikanischer Zahnarzt. Schmerzlose und preiswerte Be- handlung aller Zahn- und Mundkrankheiten. Plombieren, Goldbrücken, Kronen und Stift- zähne. Künstliche Gebisse in natürlicher Aus- führung. Nutzen Sie die Ferien in Wienacht zum Reparieren Ihrer Zähne.»

O s Ehepaar Heribert ond Adelheid von Kretsche us em Badische häd Feeri i de «Land- egg» gmacht. Am eerschte Tag isch s Päärli in «Rebstock» abi gschpaziert, ond s Serwier- maatli, s Berteli, häd em Maa assli schöni Au- ge gmacht, as er ganz zabli worde-n-ischt. D Frau ischt am dritte Tag zom Zahnarzt Fisch zuer Kontrolle ond zom Flicke vo zwee Zäh.

Scho am Tag vorher aber isch de Heribert bim Fisch gsii, hädem e Nöötli i d Hand truckt ond gseid, er söll luege, as d Frau schtändi e kli Zahweh hei ond müed sei, as si deliebscht im Hotel bliibi.

Wo d Adelheid vo de Behandli zrugg gko ischt, häd si de Bagge gkhebet ond gjoomme-ret, wie si Schmierze hei ond müed sei, er mös hütt elaa gi schpaziere. Ond scho isch si uf em Bett vetschloofe. De Maa isch gradewegs in «Rebstock», wo-n-em s Berteli wider schöni Auge macht. Mitenand hands en Halbliter wiisse Töbliger trunke, wo am Kurgascht no nebe in Kopf gschtige-n-ischt. Er rutschet bschtändi nööcher as Maatli ani, ond all meh häd er de zweit Früeli gschpüürt. Bim Zale häd er em Berteli tüüf i d Auge glueget ond e wackers Trinkgeld ggee.

Ase isch wiiter ggange: D Frau isch zom Zahnarzt ond müed gsii, ond de Maa isch gschtiift in «Rebstock» abi gi halbliterle ond bertele. Am Soonti aber sönd jungi Kerli ii-gkehrt, wo em Berteli besser gfalle hand als de aalt von Kretsche. Wo-n-er de dritt Halb-liter bschtellt häd, seidsem, er sölen gad selb in Käär gi hole, de wiiss Töbliger sei im eerschte Fässli uf de rechte Site.

Ond etz isch da passiert, wa fascht häd mö-se passiere: Uf em onderschte Tritt vo de gää-che Schtäge schtolperet de Maa ond flüügt de langeweg uf de Käärbode. Bim Ommkeie häd er am Fass böös de Kopf aagschlage. Er höört, wie d Puerschte dobe lachid ond näbis vo aal-

tem ond rüüschigem Esel rüefid. Denn handsem i d Wiertschaft uigkholfe. S Berteli häd s Bluet eweggtupft ond sächt, as en obere vordere Zah fählt. Damol häd er s Trinkgeld vegesse, ond wo-n-er devogschtolperet ischt, häd si s Serwiertöchterli nöd blicke loo.

Etz häd de Herr von Kretsche zom Zahnarzt möse. De Fisch häd vomme Schtiftzah ond vonnere längere Behandli gschwätzt. Gliichzitti isch de Frau besser ggange, ond etz häd si jede Tag e-n-Uusflügli gmacht. De Maa aber häd fliissi zuer Kontrolle möse, häd Schmierze gkhaa ond isch müed gsii.

Wo d Adelheid am letschte Feeritag de Vorschlag vomme Schpaziergang in «Rebstock»

abi macht, häd de Heribert abgwunke ond
nünt wele wisse. Er häd all no e wackers Zah-
weh gkhaa, wo-n-em de zweite Früeli radi-
butz uustribe häd.

assli schöni Auge *derart schöne Augen*
zabli *zappelig, aufgeregt*
as si deliebscht *dass sie am liebsten*
wiisse Töbliger *Weisswein aus Wienacht-
  Tobel*
gschtiift *regelmässig*
gäächi Schtäge *steile Treppe*
rüüschi *betrunken*
radibutz *gründlich*

De Brand i de Klus

Am 7. Februar 1941 wurden in der Klus, Wolf-
halden, zwei Wohnhäuser ein Raub der Flam-
men. Die Löscharbeiten uferten dann aber in
ungeahnter Weise aus…

Früener isch de Klusbach z Wolfhalde e
wichtegi Grenze zwüschet de beide groosse
Gmaandsbezirk Inner- ond Ussertobel gsii.
Im Innertobel hands wie hütt d Kierche, d
Kanzlei ond d Mehrheit im Gmaandroot
gkhaa, ond dromm hand d Ussertöbler all
wider gfonde, sü heiid s Zwaa uf em Rugge.
Da schtimmt natürli gad e Schtuck wiit, häds
doch o im Ussertobel e Schuelhus mit Glogge-
tuerm, Wiertschafte, Läde ond früener sogär
e-n-aagni Füürwehr ggee.

Di sebe beide Hüüser, wo doo i de Klus
prennt hand, sönd nööch am Bach uf de In-
nertöbler Site gschtande. Womme i de ganze
Gmaand d Füürhörner gkhöört häd, sönd
beid Wehre uusgruckt. D Ussertöbler sönd
mit ierne Schprützene, Schlüüch, Kessel ond
Laatere zeerscht uf em Blatz gsii ond hand au-
geblickli aagfange lösche.

E paar Minute schpööter sönd o d Inner-
töbler Füürwehrler aaggruckt. De Komidant
isch sofort zo sim Ussertöbler Koleeg überi
gi futtere, wa-n-em enaart iifalli, öb er d
Grenze nöd kenni, da sei ieren Brand, sü sölid
augeblickli zämmepacke ond abfahre. De
Ussertöbler häd si da nöd bütte loo, packt e

90

Schtrahlrohr ond schprützt de Innertöbler Höptli aa.

O d Innertöbler sönd etz zom Lösche grüscht gsii. De plädernass Komidant aber befilt «Haaalt!» ond bröölet nomol i aannere Verückti: «Dä Brand gkhöört üüs!» Er griift o zommene Schtrahlrohr ond häd d Ussertöbler Mannschaft mit Wasser iiteckt. Ond die nöd fuul, hand vo de Hüüser abloo ond schprützid etz us allne Rohr ond Kessel zrugg.

S Füür häd mit groosse Rauchwolkene zon Tächer vo beide Hüüser usi gflackeret, ond uf em Schtröösseli devorzue ischt e-n-uunegi Wasserschlacht im Gang gsii. Eerscht wo doo im Laufschritt e Dreierdelegazioo vom Gmaandroot mit em Hopme Bänziger, em Vizehopme Walser ond em Bertli Frei senior uf em Schadeblatz uftaucht ischt, hands ufgkhöört. «Sönder enaart veruckt, ier tomme Koge, machid eui Ärbet ond löschid, aber hantli!», häd de Hopme befole.

Etz entli hand d Mannschafte s Wasser wider i Richti Füür gschprützt, aber vill z schpoot. Beid Hüüser sönd radibutz abiprennt, ond me häds nie me ufbbaut. Füer d Komidante häds no e Noschpiil vor em Gmaandroot ggee. Aber z letscht häds denn glich gkhaasse, me kö nöd vill mache, beid heiid Recht gkhaa: D Ussertöbler seiid zwor zeerscht gsii, aber de Brandblatz hei halt ebe zom Innertobel gkhöört.

Noch em bööse Zwüschefall i de Klus häd me d Mannschafte vom innere ond üssere

Tobel zonnere Einheitsfüürwehr wele zäm-
meschlüsse, aber da isch doo eerscht öppe
zwanzg Johr schpööter groote.

s Zwaa *die Zwei*
Schlüüch ond Laatere *Schläuche und Leitern*
futtere *aufbegehren, schimpfen*
Höptli *Häuptling, Hauptmann*
plädernass *durchnässt*
sönder enaart *seid ihr eigentlich*
ier tomme Koge *ihr elenden Dummköpfe*
aber hantli *aber schnell*
öppe *ungefähr*

Freizügegi Fasnacht

Während der Fasnachtszeit gehörten früher mehr oder weniger originell dekorierte Wirtschaften zu jedem Appenzeller Dorf. Auch diese Tradition steht heute vor dem Aus ...

Hütt häds Gmaande, wos nöd e-n-änzegi dekorierti Beiz giid. Z Herisau isch da anderscht, ond wenigschtens emol im Johr sorget de langwili Usseröödler Hoptort mit e paar Fasnachtswiertschafte füer farbege Betriib. Farbege Betriib? Da haasst weni Kleider aalegge ond vill kassiere. Blutti Huut isch Trompf, ond d Serwiertöchtere mit fascht nünt über em Füdli schtammid meischtens usem nööche Ussland.

D Vroni us em Kärtnerische hädsi vom sebe Bar-Beizer angaschiere loo, wo d Serwiermaatle am Aafang tütsch ond tüütli inschtruiert häd: «Hockid nööch zo de Manne heri ond londigi zo Schämpis, tüürem Sibe-Dezi-Wii ond koschtlige Schnäps iilade. Ond du, Vroni, häscht e bsonderbar gueti Poschtur. Bis denn gfelligscht e kli freizügi, wenn die aalte ond riiche Glüschtler kommid! Freizügi, häsch gkhöört!»

S ischt ab em eerschte Tag veruckt guet gloffe, ond i de schtickige Luft vo de tunkelroot belüchtete Bar mit de Maatle im gschmogne Bikini isch es de mehbessere Herre vo Herisau eelend wohl gsii. «Vill schönner als bi mimm Triineli dehaam», häd de seb Kantons-

94

root vo Urnäsch gseid, wonigi de Namme nöd töör veroote. Vor alem d Vroni häd zoge, ond ali Manne hand si wele a ierem Tisch haa.

Ond glich häd de Boss greklamiert: «Vroni, e kli freizügiger, umbedingt de Buuchnabel säche loo, da gfallt üsere Gäscht.» Ond allpott häd er e kli meh velangt. «D Bruscht ab ond zue füere blitze loo. Ond nöd de gliiche too, wenn ann e kli wott tööple. Bis doch nöd ase henderhebi, bis freizügi, du waascht, da giid Ommsatz, Ommsatz, Ommsatz, da mos sii, etz oder nie, da sönd die äänzige Wuche, wo i dem Kaff näbis lauft, womme mit Beizere no e kli Schtütz ka vediene, heinomol!»

Ganz Herisau häd i dene Tage vo de Vroni vezellt, wo gär nöd veklemmt ond ebe freizügi sei. «Freizügi?», häd de Boss scho wider gfutteret ond määnt, as si s Hösli öppedie e kli mös abizüche, si sei jo o onne- ond hennedraa guet poschtiert, ond e Schtückli Füdlischpaalt sächid d Henderländer no vill lieber als de Säntis. Ond Hender ond Henderländer passi jo guet zämme, da sei e-n-aalti Woret. «I gibder en guete Root: Bis freizügi, da rentiert, da giid Geld i d Kasse ond en Huffe Trinkgeld füer dii!» Ond jede Oobet häd de Beizer mit de Vroni abgrechnet ond iere de Loh zallt.

Am letschte Fasnacht-Samschti isch es eelend schpoot worde, ond de Boss ischt ase müed gsii, as er vor de Maatle isch gi ligge. De Vroni häd er de Uftrag ggee, am Schluss Orni z mache. Wo de Beizer am Morge druff s Geld wott zelle ond s Portmenee zo de Züche-n-uus

gnoh häd, isches bis uf e paar Rappe leer gsii.
Defüer häds en Zedel dinn gkhaa: «Lieber
Chef, ich habe Ihren Rat befolgt und war bis
auf den letzten Franken freizügig. Auf Nim-
merwiedersehn, Vroni.»

De Boss häd augeblickli de Polizei ond uf
Kärnte usi telifoniert. Aber no nebe isch klar
gsii, as si d Vroni o punkto Adresse freizügi
vehalte häd: Si häd nöd gschtumme.

Ond womme am Beizer gnäuer uf d Finger
lueget, ischt uusgkoo, as er d Vroni gär nöd
aagmolde gkha häd. Dromm ischt e saftegi
Buess i d Bar gflatteret, wo fascht de ganz Ve-
dienscht vom freizügege Fasnachtsbetriib uf-
gfresse häd.

blutti Huut *nackte Haut*
ond londigi zo Schämpis *und lasst euch*
   zu Champagner
koschtlige Schnäps *teuren Schnäpsen*
gschmoge *knapp*
tööple *grapschen*
Schtütz *Geld*
Hender *Hinterteil*
Woret *Wahrheit*
Züche *Schublade*

Zelle möst me köne

Landauf und landab und auch im Appenzellerland sind viele Bäckereien verschwunden. Auch das kleine Lädeli von Beck Höhener in Walzenhausen existiert nicht mehr...

Wie a vile-n-Orte, hammer früener o z Walzehuuse en Huffe Bäckereie gkhaa: de Alpeblick im Güetli, d Harmonii im hendere Blatz, de Tuderibeck i de Gaassmosmüli, de Brugger im Wilde Maa, s Gemsli ond Kellebergers im Wile, de Walser ond de Hohl i de Lache, Isehuets im Moos, Zürchers im Dorf, de Beck im Sägetobel ... Bis uf de Meyerhans bim Bahof sönd ali veschwunde, ond wie gseid, o de Beck Höchener im Loch gids o scho lang nomme.

I bi i de dritte Klass gsii, wo-n-i o wider emol vom Bahöfli s Gässeli aab is Loch ai zo Höcheners ha möse gi Brod hole. Seb guet Gschmäckli vo Frischbachnem ond Mehl ha-n-i hütt no i de Nase, ond o as afach Lädeli mit de hölzege Gschtell samt de tunkle Fööfpfönder, de klinnere Brodsorte, de Püürli, de Biber, de Nussgipfel ond de Leckerli mag mi no guet bsinne.

Ond zvorderscht uf em Ladetisch häds amel e Schächteli mit Schoggibrügeli gkhaa. Ond wie scho meh, ha-n-i o damol all möse die sebe Schtengeli aaluege, wo i nooblem Silberbapiir iipackt gsi sönd.

D Konde sönd vo de Töchter Trudi bedient worde, wo dehaam plibe-n-ischt ond ierne Eltere gkholfe häd. Wommi s Ladefräulein frööget, wa gfelli sei, sägi, i mös zwaa guetbachni Pfönderli haa. Wo si Trudi geg s Gschtell gkehrt, ha-n-i wie-n-en ggöölete Blitz e Brügeli ewegg ond in Hosesack inigschoppet.

D Ladetöchter mos näbis gkhöört oder gmierkt haa ond häd zeersch mii ond denn s Schächteli aaglueget. «Do fählt aas. I has hütt morge no zellt, ond doo sönds zäche gsii. Du häscht aas gschtole, du Schelm!» I bi eelend veschrocke, ha gschtaggelet ond gloge, as da nöd schtimmi, si hei si sicher vezellt. D Trudi häds nöd gelte loo ond schnoret i aannere Lüüti, wa-n-i füer en letzgfederete Schtrooler sei. Si welmer schon no too defüer, ond seb welsmer.

De Lärme im klinne Lädeli mos o de Vatter Höchener i de Bachschtube-n-uss gkhöört haa. Uf zmol ischt er im wiisse Onderliibli mit wacker Mehl draa dogschtande ond häd wele wisse, wa passiert sei. D Trudi hädems vezellt, ond wo beidi nöd glueget hand, ha-n-i s Brügeli tifi zrugg is Schächteli gleid.

De Beck häd gloset ond zellt ond seid, as jo zäh Brügeli im Schächteli seiid. «Trudeli, zelle möst me köne! Bisseguet, tos e-n-anders Mol zeerscht guet luege-n-ond zelle, bevor d wider e so e Komedi machscht. Do, Peter, sedoo, kascht aas haa!» I ha tanket, ond wommi doo d Töchter ase gifti aalueget, bi-n-i hantli zom Lade-n-uus ond wie s Bisiwetter s Gässeli dueruuf hammzue.

Zelle möst me köne, zelle möst me köne …
No lang ha-n-i em Beck sini Schtimm in Ohre
gkhaa, ond i ha scho gwisst, as d Trudi uf zäh
ond sicher o drüberuus häd köne zelle. Mier
isch da e Lehr gsii, ond o s Lademaatli häd
näbis glernet: wo-n-i s nöchschmol zo Höche-
ners is Loch ai ha möse gi Brod hole, isch seb
Schächteli mit de Brügeli uf em Tisch ase wiit
henne gsii, as kuerzi Buebenarme nomme
hand möge glange.

hammer früener *haben wir früher*
häds amel *hatte es jeweils*
Schoggibrügeli *Schokoladestengel*
Fööfpfönder *2½-Kilo-Brotlaib*
wa gfelli sei *was gewünscht werde*
letzgfederete Schtrooler *übler Lausebengel*
e Komedi mache *viel Lärm um nichts machen*
sedoo, kascht aas haa
 hier, nimm, kannst eines haben
ase wiit henne *so weit hinten*

Queschtioone mit em Piss

Die Gebisse von Zahnarzt Bloch waren legendär und wegen des günstigen Preises beliebt. Oft aber kam es zu unbeliebsamen Schwierigkeiten oder eben Queschtioone …

Gad im Usseroodische hädmes gkennt, di kantonal approbierte Zahnärzt. Sü sönd Zahtechniker gsii, hand bimmene Zahnarzt gwäärchet, bi de Behandlege zuegluegt ond e kli mitgkholfe. Ond wenn s Gfühl gka hand, sü wissid etz, wies göng, hands e-n-aagni Praxis uftoo.

Bi üüs z Walzehuuse häds i minnere Buebezitt e halbs Totzet Zahnärzt gkhaa: de Limacher im Bergli, de Blättler bim Bahof, de Wagner im Dorf, s Fräulein Hueber im Blatz, de Stoop im Gaassmos ond ebe de Bloch im Onderdorf. Er ischt o en approbierte Zahtokter gsii, ond wil er füer d Behandlege nöd de Huffe gkheuschet häd, sönd afachi Lüüt deliebscht zo emm.

I mag no guet wisse, wies im Wartzimmer e Vitriineli volle pruuchti Gebiss gkhaa häd. Piss vo Lüüt, womme uf em Fridhof häd köne gi bsueche. Üüs Buebe-n-ond Maatle häds amel eelend gruuset, wemmer dei ini glueget hand. Ond ebe, wenn e-n-arms Trücklikröömerwiibli oder en Taglöhner neui Zäh häd möse haa, häd de Bloch gseid, sü sölid im Wartzimmer e kli schtore ond näbis uselese. Ond wenns halbwegs passi, teuers no wädli zwegschliiffe. Ond alls zämme koschti denn en Föfliiber.

O de Hans Sonderegger ond de Sepp Bischofberger sönd Bloch-Konde gsii. Wo se si o wider emol im «Hiersche» i de Hööchi z Wolfhalde troffe hand, bschtellids en Halbe Magdalener ond zwee Pantli mit Brot. Wos am Habere ond Süerpfle gsi sönd, hands tuschuur de Kifel gkhebet. Doo frööget de Hans, öb em s Piss nöd hebi. De Sepp mueslet, ase seis, de Bloch heis schlecht aapasset. «Aha, bischt o bi emm gsii», seid de Sepp. «Mier gohds präzis gliich, e gwagglegi Sach, i ka kumm käue.»

«Mier könntid jo emol tuusche», määnt doo de Hans. «Vilicht passet mer diis besser als miis, ond füer dii könnts o schtimme.» Etz hand d Gäscht nöd übel gschtuunet, wo d Manne ierni ondere Piss zom Muul uus nemmid, im Wiiglas schpüelid ond über de Tisch überi büttid. Ond scho sönd d Zäh vom aane im Muul vom andere veschwunde. Sü hand en wackere Schluck gnoh, mit em Kifel gwagglet, Grimassene zoge, de Kopf vetschtüttlet ond denand aaglueget.

«Ond, wie isch?», wott de Hans wisse. «Ganz ordeli», rüemt de Sepp, «besser als vorher. Ond bi dier?» «O guet. I glob, mier phaaltids, wa määnscht?» «Iiveschtande», lachet de Sepp, ond denn hands nomel en Halbe zom Schpüele ond Desinfiziere bschtellt. Ond beid hand gfonde, je meh as schpüelid, deschto besser hebi s Piss. Aber en wiitere Pantli hands

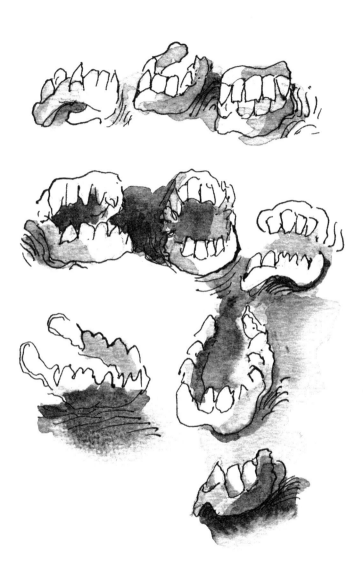

bliibe loo, wils de Sach ebe glich gad halbe
trauet hand.

wies göng *wie es gehe*
heusche *verlangen*
Trücklikröömer *Hausierer*
näbis uselese *etwas auswählen*
wosesi *als sie sich*
habere ond süerpfle *essen und schlürfen*
Kifel *Kinn*
öb s Piss nöd hebi *ob das Gebiss nicht halte*
muesle *undeutlich reden*
ase seis *so sei es*
i ka kumm käue *ich kann kaum kauen*
i glob, mier phaaltids *ich glaube,*
    wir behalten sie

Luuti Kiercheglogge

Unmittelbar neben der Walzenhauser Kirche steht die Rheinburg-Klinik. Bis in die 1950er-Jahre diente das palastartige Gebäude als Grandhotel, und immer wieder beschwerten sich Gäste über die lauten Kirchenglocken…

Ab 1878 häd d Famili Stadler s Hotel «Rhiiburg» gfüert. Als Vetreter vo de zweite Generazio isch de Ferdinand Stadler junior bis i d 1950er-Johr de Scheff gsii. Geg de Schluss vo de Ära Stadler hand d Gäscht all wider weg de luute Kierchegloggene greklamiert. Es sei e Zuemueti, as me i de Feeri scho am Morge am fööfi gweckt wöri, da gäng doch nöd imme Kurort, da mösme hantli abschtelle. Ond wenn nünt passieri, reisids aab ond kämmid nie me uf Walzehuuse.

Abreise? Nie me uf Walzehuuse? Leeri Hotelzimmer? Da hetts denn gär nöd möge liide, ond de Stadler häd em Gmaandroot augeblickli en Brief gschribe ond velangt, as me eerscht am sibni s eerschmol lüüti. De Hopme Werner Hohl häd sine Rootskoleege de Brief vorglese, wo wacker z tischgerierid ggee häd. Es sei e Zuemueti vomme katholesche Hotelie ond Wiert, s Lüüte vo de reformierte Kierche z vebütte, häd de Vizehopme Werner Küenzler glamentiert. Denn hands abgschtimmt ond de Aatrag bbodeget.

Etz häd si de Stadler näbis iifalle loo. D Glogge sönd doo no vo Hand in Schwung proocht worde, ond er häd mit em Karl Staub, em Peter Hohl ond em Edgar Küenzler drei vo de Lüüterbuebe zo Walzehuuser Zitro-Mineralwasser ond Nussgipfel i d «Rhiiburg» iiglade. Nochane häd er die drei Oberschüeler ond Luusbuebe in Käär aigfüert ond ene e paar aalti Härdöpfelsäck, e langi Schnuer ond jedem en Zwefränkler i d Hand truckt. Ond denn häd er gseid, was am morge früe i de Gloggeschtube obe sölid mache.

Am nögschte Tag isch de Ferdi Stadler am fööf vor fööfi am offne Feeschter gschtande. Noch em Schtondeschlag häd d Fraueglogge aagfange lüüte, aber vill liisliger als süs ond miteme goolige Too. Ond wo am achti bim Zmorge d Frau Oberscht Binggeli, en nooble Gascht vo Bern, rüemt ond seid, as si die Nacht s eerschmol bis am halbi achti hei köne pfuuse, isch de Hotelie rondomm zfride gsii.

S ischt aber nöd lang ggange, bis si d Lüüt im Dorf gwonderet hand, wa o mit de Fraueglogge los sei, öb si en Schprung hei, s kiiti ganz anderscht als süs. De Mesmer, de Tachtecker Julius Brandeberger, ischt in Tuerm ui ond sächt, as de Klöppel vo de Fraueglogge tick i Herdöpfelsäck iipackt gsi ischt. «Die keibe Schnuderi», häd er vor si heriprommlet ond d Sach i d Orni proocht.

D Buebe hand zuer Schtroof de Lüüterposchte veloore, en Poschte, wo doozmol e groossi Ehr gsi ischt ond e kli Sackgeld ggee häd. Fascht im gliiche Tröff isch de Gmaandroot noch de Sitzi i de «Rhiiburg» vewiilet ond vom Stadler guet bewirtet worde. Wo noch de vierte offerierte Guttere Bernegger de Vizehopme Küenzler uf de Abtritt häd möse, häd de Hotelie nomol s früe Morgelüüte uf s Tabeet proocht. Ond etz hand die veblibene Rootsherre uhni langs Federlesis bschlosse, as bis ends Hierbschtmonet eerscht am sibni glüütet wöri.

Hopme *Gemeindehauptmann*
   (heute Gemeindepräsident)
z tischgerierdid ggee häd *zu diskutieren gab*
Käär *Keller*
goolige Too *seltsamer Ton*
s kiiti anderscht als süs *es töne anders*
   als sonst
uhni langs Federlesis *ohne langes Hin*
   und Her
Hierbschtmonet *September*

Schweinfurt im Appezellerland

In Heiden, dem Hauptort des Bezirks Appenzeller Vorderland, erschienen zwei Publikationen: Die Zeitung «Appenzeller Anzeiger» und der traditionsreiche «Häädler Kalender». Beide sind verschwunden...

1873 isch de «Appezeller Aazeiger» s eerschmol erschine. Er isch s offiziell Amtsblatt vo de Gmaande Reechtobel, Wald, Grueb, Heide, Wolfhalde, Lutzeberg ond Rüüti gsii. Ends 1969 ischt er veschwunde. Gmacht worde isch da Blättli i de Truckerei Weber z Haade.

Di gliich Firma häd o de «Häädler Kalender» usiggee, wo im 1866 gröndt worde-n-ischt. Er ischt aber all im Schatte vom ältere ond gröössere «Appezeller Kalender» gschtande, wos jo hütt no giid ond bald emol drühondert Johr alt ischt.

Wäret vile Johre isch de Konrad Sonderegger (1917–1998) Gschäftsfüerer bim Weber ond Kalendermaa vom «Häädler» gsii. Bsonders gern hand d Lüüt di letscht Site mit de neuschte Witz gschtudiert, wo de Lehrer Ruedi Rohner (1923–2009) gsammlet ond em Kalendermaa zuer Vefüegi gschtellt häd. 1998 isch de Kalender letschtmol erschine, ond dei inn kamme onder anderem über die Gschicht lache:

Noch em Zweite Weltkrieg ischt im Tütsche fascht alls kabutt gsi ond am Bode glege. Dromm häds ab em 1947 en Huffe Jump-fere vo de aane Site vom Bodesee is Rhintl ond Vorderland gschneit, wo trotz gueter Uusbildi ganz afachi Ärbete hand möse-n-aneh. Dronder ischt o e-n-Erdkunde-Profes-seri gsii, wa bi üüs öppe-n-e Geografii-Leh-reri wär. Ond o si häd möse froh si, as si als Dienschtmaatli e-n-Aaschtelli gfonde häd.

Anno 1949 häd si mit em Träugi Tobler e-n-afache Sideweber gkhüroote. No nebe emol ischtere da Manndli mit em afache Gmüet ond em klinne Zalltag zweni gsii, ond si häd si en Husfründ zuechetoo. Mit demm häd d Frau Geografii-Lehreri en schpeziel-le Code – enaart e Gkheimschprooch – gkhaa. Wenn iere Maa – de Sideweber – de-haam gsii ischt, häd si e Täfeli vor s Feeschter gkheenkt, ond dei druff isch gschtande: «Mannheim». Wenn de Maa usswärts ond d Luft rein gsi ischt, ischt e-n-anders Täfeli dusse gkhanget, wo druffgschtande-n-ischt: «Erfurt».

No bald emol isch de Träugi hender da Vehältnis gkoo, ond wo doo d Frau wider emol usser Hus gsi ischt, häd er e Täfeli usi-gkheenkt, ond dei druff häd me köne lese: «Schweinfurt».

Joo, schaad, as mit em «Häädler Kalender» e wiiters Schtuck aalti Tradizioo veschwun-de-n-ischt. Aber ebe, sömmer froh, as es we-nigschtens no de «Appezeller Kalender» giid, wo jo o all Johr mit ere Hampfle trääfe Witz füer humorvolli Onderhalti sorget.

Blättli *Lokalzeitung*
Rüüti *Gemeinde Reute AR*
ond o si häd möse *und auch sie musste*
Träugi *Traugott (Vorname)*
zuechetoo *zugelegt*
dusse *draussen*
wo jo o all Johr *der ja auch jedes Jahr*

De Tüüfel i de Wienachtskripp

Emilie Breu war ein Oberegger Dorforiginal. Ihre jedes Jahr zu bewundernde Weihnachtskrippe war legendär. Regelmässig aber wurde das Kunstwerk vom Teufel heimgesucht...

D Mile Breu ischt e-n-aaltledegi Jumpfere gsii, wo schuuli afach glebt häd. All Johr im Hierbscht aber isch si ufplüet, wil si etz ierni Wienachtskripp iigricht häd. Us Wuerzle, Moos, Tanne- ond Schtechlaubzwiig häd si i de Schtube-n-inn e Landschaft ufbbaut. Im Schluff obe sönd die sebe Schachtlene gsii, wos nebscht Schterne en Huffe Figuure drii gkhaa häd: s Jesuskindli, d Maria, de Josef, Engel, Hierte, Köni ond no süs allergatti Lüüt, aber o Esel, Kameler, Schööfli, Gaasse, Küe ond anderi Viicher.

Überal häds klinni Läämpli gkhaa, wosi am Schluss mit fiine Tröhtli vebonde häd. Da ischt amel e-n-uunegi Gääggeliärbet gsii, wo vill Geduld ond gueti Auge pruucht häd. Aber wenn denn am Schluss alls wunderbar glüüchtet häd, ischt o e Schtrahle über s Gsicht vo de Mile ggange.

Ieri Freud isch grooss gsii, wenn d Lüüt vo Oberegg, de Rüüti ond wiit drüberuus vebiko sönd gi schtuune ond rüeme, wie etz o da di schönscht Kripp wiit ond braat sei. «Die

111

Obereggerin Emilie Breu hat mit ihrer Weih-
nachtskrippe ein einzigartiges Bijou naiver
Volkskunst geschaffen ...», häd me i de Zitte-
ge köne lese, wa no meh Lüüt i di afach
Schtube vo de Mile proocht häd.

Aber ebe, o bi Miles Kripp sönd Freud ond
Laad nööch binenand gsii. Allpott hand e
paar Liechtli nomme too, ond o wenn si mit
zittrege Finger d Bierli uusgwegslet häd, isch
tunkel plibe. Denn häd si ufgregt em Pfarrer
Johann Küenis telifoniert ond in Hörer ini-
pflennet, de Tüüfel sei wider emol binnere
gsii, er mös nootli ko gi helfe.

Wa d Mile mit ierne schlechte-n-Auge
nomme gsäche häd, häd de Pfarrer sofort er-
lickt: Tröhtli, wo si glööst ond de Pfuus on-
derbroche hand, sönd tschuld gsii. «Gellid,
Herr Pfarrer, de Tüüfel isch es, jechteroon-
doo, de Tüüfel, wo mier d Freud a de Wie-
nachtszitt wott neh», häd d Mile gjoomme-
ret. De Pfarrer Johann, wo gern en Gschpass
macht, seid: «Joo, de Tüüfel, aber dä vetriibe-
mer etz augeblickli!» Ond denn rüeft er:
«Tüüfel, haus ab, aber hantli!» Debii häd er
drümol uf de Bode gschtaampfet ond d
Tröhtli tifi wider aagschlosse. Ond scho häd
alls wider prennt ond glüüchtet.

D Mile häd uf s Schtaampfe ond nöd uf d
Hend vom Pfarrer glueget. «I tankigi, i to
denn no gkhööri bätte», seid d Frau ond
schnuufet uuf. De Pfarrer isch wiiter, aber
wäret de Wienachtszitt häd er no e parmol
möse zo de Mile gi de Tüüfel vetriibe.

112

Aafang November 1995 isch si gschtorbe.
Es ischt em Wäli Breu zvedankid, as d Kripp
i d Hend vo de Oberegger Kierchgmaand
gko ischt. Im Dezember häd de Mesmer
Bernhard Lang mit e paar Gkhülfe s Kunscht-
werk vo de Mile i de «Lende» ufgschtellt.
Ond etz häd si de Tüüfel wäret de ganze Wie-
nachtszitt nöd e-n-äänzis Mol blicke loo.

Schluff *Estrich, Dachboden*
Viicher *Tiere*
fiini Tröhtli *feine, kleine Drähte*
Freud ond Laad *Freude und Leid*
nomme too *nicht mehr funktioniert*
Pfuus *elektrischer Strom*
jeechteroondoo *um Himmels willen*
haus ab, aber hantli *verschwinde, aber schnell*
Wäli *Walter*

Ouagadougou

Schlitzohrige Appenzeller Fremdenlegionäre arbeiteten seinerzeit an der Eisenbahnlinie vom südlichen Algerien nach Ouagadougou, der Hauptstadt von Burkina Faso, der früheren Kolonie Frankreichs mit dem Namen Obervolta. Die Trans-Sahara Bahn, der grosse Traum...

Noch de Unabhängikeit vo Algerie im Sommer 1962 ischt em Lehner sis Regiment uf Grond vo schpezielle Veträg mit em neue Staat i de Sahara plibe. Ond etz, wa macht me mit Pruefssoldate, mit junge Kerli, wo no voll im Saft sönd? Richti, me mos luege, as die Puerschte schtreng mond wäärche ond nöd uf tommi Gedanke kommid ond über d Schnuer hauid. So afach isch da.

Am sebe Morge früe im Augschte 62 häd im Quartier z Colomb-Béchar s Regiment mösen-aatrete. Noch em Iischtoo ond Uusrichte isch de ganz Verein am Komidant, am Oberscht Guillaume de Montplanet, gmolde worde. «Legionär», häd er gseid, «ier wissid, as mier z Algerie bliibid. Da isch füer üüs e bäumegi Glegeheit, a de Isebah duer d Sahara wiiterzbauid. Duer Mali düeri ond abi bis uf Ouagadougou. Mit dem Bauwerk gohnd ier als Helde vo de Sahara i Gschicht ii! Ond etz a d Ärbet!»

«Helde? Tomme Laferi!», häd de Lehner prommlet, ond de Zellweger, en Trogner, wo im Rhintl ufgwagse-n-ischt, seid, wa ali tenkt hand: «Sahara-Bahn ... Veruckt! Mier mond i de Wüeschti hocke bliibe, ond ali andere Regimenter vo de Legio könid zrugg uf Frankriich oder sogär uf Tahiti, wos dereweg schöni Maatle giid. Veruckt, i glob, bi de nögschte Glegeheit hauis ab!»

Mitere Disel-Loki ond e paar Güeterwäge isch di viert Kompanii mit de beide-n-Appezeller südwärts uf Abadia gkaret worde, wo d Gleis vo de Sahara-Bahn vorläufi ufgkhört hand. Sü hand aalti Barackene bezoge, ond scho häd de Adjudant Lorz pfiffe. «Manne, de Oberländer, de Le Corre, velangt jede Tag vierzg Schinemeter.» Er zaaget uf en uunige Huffe Isebaaschwelle us Aacheholz ond en Berg langi Schine us Schtahl. Denn befilt er am Sergent Mauret, am Inschinöör, d Lüüt iiztaalid ond d Ärbete z beufsichtege. De letscht Befehl häd am Lehner ggolte: «Du übernenscht d Funkschtazio. Wenn näbis ischt, bi-n-i im Büro z fendid. Ond etz los, au boulot!»

Zwo Wuuche schpööter isch de Le Corre vebigko, häd glueget ond gschnoret. «Gad drühondert Meter? E Tagesleischti vo magere zwanzg Meter, gohds no!», häd er si ufloo ond seid, er velangi ab sofort s Toplet. S nögscht Mol überprüefi er di ganz Sach vom Flüüger uus. Ond denn ischt er mit em Tschipp zrugg uf Béchar.

De Lorz häd d Zügel schliiffe loo ond nünt gseid, wo d Mannschaft o etz nöd meh als zwanzg Meter veleiti Schine im Tag hereproocht häd. Die veruckt Affehitz, ond füer waa überhopt e Bahn, gohd üüs jo nünt me aa, ischt em duer de Kopf. Am Oobet sönd d Manne bim Pier omms Lagerfüür ommi gkhocket, ond de polnisch Korporal Jablonowski fluechet, as de Monplanet ond de Le Corre total gaga seiid. «Die Bahn giids nie, do könider Gift druff neh. Da isch nünt anders als e schigganöösi Beschäftigungstherapii, da isch doch klar!»

Am nögschte Morge häd si de Lorz niene blicke loo. Er sei nöd zwäg, er hei näbis e Gripp weg de Wiermi ond em Schirokko, wo tuschuur bloosi. Er kö nöd ufschtoh ond hei eelend de Schii..., häd de Loreno, de Sanitätler, vezellt. Ond ali hand glachet ond gwisst, as er emm bis uf wiiteres scharfi Abfüertropfe in Wii initod.

De Lehner isch mit em Zellweger über de Blatz gloffe. Hender de grööschte Baracke zaaget de Funker uf e Biig langi Balke. «Die hand jo fascht s gliich Profil wie d Schine, me könnt doch ...» De Zellweger häd augeblickli gschalte. «Klar, mier veleggid ab sofort liechti Holzbalke schtatt schwääri isegi Schine.» Ase handses gmacht, ond etz ischt alls vill ringer ggange, ond d Kompanii häd neuerdings jede Tag zwahondert Meter Gleis montiert. Ond uf de eerscht Blick häds uusgsäche wie recht. Uf jede Fall häd de Lorz, wo-n-er kuerz zom Feeschter usilueget, beid Tummel i d Hööchi gkhebet.

116

Denn hands de Broussard gkhört koo, ond im klinne Flüügerli isch de Le Corre nebet em Pilot gkhocket. Im Tüüflug sönds drümol über s neu veleid Gleis gfloge, ond o de Oberlütnand häd d Tummel ufgkhebet.

No e Wuche hands wiitergwäärchet: Schwelle velegge, hölzegi Balke druffnagle, all wider Sand eweggfüerbe, Tuerscht lösche ond zoobet am Füür hocke. Denn häd s Komando am Lehner duerigmorset, as d Üebi abbroche wöri, me veleggi s Regiment as Mittelmeer i d Nööchi vo de Hafeschtadt Oran. Sü sönd abgkholt worde, ond scho e paar Täg schpööter isch de Tromm vo de Bahn uf Ouagadougou tüüf onder em Wüeschtesand begrabe gsii.

wos dereweg *wo es derartig*
hauis ab *desertiere ich*
Oberländer *Oberleutnant*
D Lüüt iiztaalid *die Leute einzuteilen*
au boulot *an die Arbeit*
s Toplet *das Doppelte*
Schirokko *heisser Saharawind*
wo tuschuur bloosi *der andauernd blase*
beid Tummel *beide Daumen*
Broussard *Leichtflugzeug-Typ*
eweggfüerbe *wegwischen*
duerigmorset *mittels Morse-Alphabet*
  übermittelt

D Knopfoperazio

Bis zum kläglichen Niedergang seiner Helios-Klinik im Appenzellerland wirkte Jack Elsener erfolgreich als Naturheiler. Früher war er Sanitätskorporal in der 13. Halbbrigade der Fremdenlegion. Hier erlangte er mit seiner Knopfoperation Berühmtheit...

De Elsener häd noch de Trogischtelehr innere Basler Apeteeg gwäärchet. Er ischt o Mitglid immene Samariterverein gsii, ond scho bald häd er als halbe Tokter ggolte. Wil er aber im Gschäft all wider rezeptpflichtegi Medikament gschtole ond zoobet tüür vekauft häd, ischt emm vo amm Tag uf de ander gköndt worde. Ond o e Schtroofvefahre ischt in Gang gkoo. De Tschägg ischt ab i d Fremdelegio, ond noch de Uusbildi ischt er uf Dschibuti i di 13. Halbbrigade gkoo.

I de Legio ischt er bi de Sanität gsii, ond als Korporal häd er en rüebege Poschte gkhaa. Lebhaft aber isch es zoobet i de Wiertschaft «Au joyeux Légionnaire» nebet de Kaserne zue- ond herggange. Jede Oobet hand Elseners Koleege vo de Motorisierte über ieren Adjudant gklagt ond gjoommeret, wie de Becker en nüntege Siech sei, wo amm vom Morge früe bis zoobet schpoot noch Schtrich ond Fade schigganieri.

De Adjudant Becker häd am Firoobet i bessere Lokal vekehrt, aber emol ischt er miteme wackere Klapf im «Joyeux Légionnaire» uftaucht. Ond o etz häd er de Scheff usigkehrt. Er häd Achtischtelli befole ond bi de Lulu en topplete Goniac bschtellt. D Legionär hand glachet, ond de Frischknecht, en Herisauer, häd glueget, as em Becker sis Gläsli nie leer worde-n-ischt.

S isch gär nöd lang ggange, bis de Rüüschi mit offnem Muul wie tood am Bode glege-n-ischt. Etz häd em de Frischknecht de oberscht Knopf vo de Uniformjagge abtrüllet, grüblet us de Sitetäsche Noodle ond Fade füeri ond seid: «Loos, Elsener, näi em Becker de Knopf uf de Bagge!» Sü hand de Becker uf de Bartisch ufiglupft ond sin rechte Bagge gkhööri mit Schnaps iigribe.

Probehalber häd de Elsener e paar Mol inigschtoche, aber de Maa häd kann Wank too. Tifi häd er etz de Knopf aabbüezt, ond i-n-e paar Minute isch die klii Operazio scho fierti gsii. Zwee schtarchi Kerli hand de Knopf-Onderoffizier packt, usitreid ond vor em Kasernetor deponiert.

Bim Apell am Morge häd de Adjudant gfehlt. Dromm häd er geg de Mittag bim Kadi möse-n-aatrabe. Omm de Hals ond de Bagge häder e Schleiffe gwicklet gkhaa. Wa da füer e lausis Tenü sei, häd de Hopme Lacroix gschnoret. Tuuch häd de Becker s Halstuech ewegg, ond etz isch de Knopf zom Vorschii gkoo.

De Höptli häd grooss Auge gmacht ond denn glachet, glachet ond glachet. Er häd möse-n-abhocke ond d Trääne-n-abbutze. Denn

häd er de Becker, wo o bi de Offizier nöd be-
liebt gsi ischt, abtrete loo ond befole, as er am
Nommittag in Sanitätsposchte mös. Aber wie
gseid, eerscht am Nommittag.

D Gschicht vo de Operazio im «Joyeux Lé-
gionnaire» isch wie-n-e Lauffüür ommi. Ond
wo de Becker zom Mittagesse o mit em Hals-
tuech erschine-n-ischt, hädems de Onderof-
fizierskoleeg Floriani eweggrupft. Etz hand
ali de Knopf ond de bluetonderlaufe Bagge
gsäche, ond s schadefreudi Glächter ond die
fuule Schprüch hand nomme wele hööre.

Wo de Adjudant am Nommittag miteme
vor Wuet füürzöndroote Gsicht zom Elsener
in Sanitätsposchte-n-ischt, häd kann e Wörtli
gseid. De Knopf isch scho bald ewegg gsii,
aber de Übernamme Knopf-Becker isch füer
ali Zitte plibe.

«Au joyeux Légionnaire» *«Zum fröhlichen
  Legionär»*
en nüntege Siech *ein sehr schlechter Mensch*
Klapf *Rausch*
de Rüüschi *der Betrunkene*
gkhööri *stark, intensiv*
Schleiffe *Schal*
Hopme, Höptli *Hauptmann, Häuptling*
häd kann *hat keiner*

S Wienachtskamel

Auch in der Fremdenlegion gab (und gibt) es gescheite und dumme Leute. Zur zweiten Kategorie gehörte Unteroffizier Sergent-Major Schwank, der Bayer …

De Schwank häd 14 Dienschtjohr uf em Buggel gkhaa. Er isch nöd de Hellscht gsii, ond dromm ischt er i de Kariere nöd wiiter gko als bis zom Sergent-Major. Vor alem häd er mit de Orientieri i de Wüeschti, i de endlose Sahara, grööschti Müe gkhaa. Er häd kumm köne Karte lese, ond o de Schtand vo de Sonn, d Bilder vo de Schterne ond de Kompass sönd füer ee Büecher mit sibe Sigel gsii. Uf jede Fall häd er de Weg wonderselte gfonde ond ischt allpott ond gad wider böös i Schwirikeite gkoo. Emol ischt er mit sim Grüppli schpurlos veschwunde, isch vom Sand veschluckt worde. Zwee Helikopter hand eersch noch langem Sueche de Schwank ond sini Manne gfonde, wo nööch am Vetuerschte gsi sönd.

De Regimentskomidant, de Oberscht de Monplanet, häd doo em Scheff vo de vierte Kompanii, em Hopme Bodard, befole, er mös em Schwank entli Baa mache, etz sei e saftegi Schtrof fälli, wo em tomme Onderoffizier Iidruck machi ond i d Baa fahri. Süs mös er mit de Degradieri rechne.

S isch Heilioobet gsii, wos de Schwank ond s guetmüeti Kamelwiibli Raheb uf en aalte GMC-Laschtwage velade hand. Denn sönds i

di tunkel Wüeschti usigfahre, ond wiit ewegg vom Poschte hands die beide-n-abglade. «So, Schwank, du machsch di etz uf de Weg i d Oase Taguinine, wo jo o Lüüt vo üsem Regiment schtazioniert sönd. Allez, débrouille-toi!», häd de Hopme befole ond glachet.

De Schwank ischt im kalte Sand abgkhocket. Er ischt as Tier aniglahnet ond froh om d Wärmi ond d Gsellschaft gsii. Er lueget de Schlussliechter vom Laschtwage no. Im Schii vo de Taschelampe häd er d Karte gschtudiert. Ond d Nodle vom Kompass aaglueget ond hilflos in Himmel uigschtuunet. Denn ischt em sis Elterehus in Sii gkoo. D Muetter, wo amel s Krischtbömmli ase schö gschmückt häd. S warm Liecht vo de roote Kerze. D Öpfel ond d Nüss, wo ase guet gschmeckt hand. Ond d Wienachtslieder, wo de Vatter uf em aalte Harmonium begleitet häd. Etz häd de Schwank eelend Haaweh gkhaa, ond s Augewasser häd em de Blick uf d Karte veneblet.

«So Schwank, du bischt Onderoffizier vo de Fremdelegio ond ka Gööfli me, riiss di gfälligscht zämme, gell, Raheb!», häd er zo sim Gschpaane überi prommlet. Denn häd er si an Ali erinneret. De Ali, de algerisch Hilfssoldat i sinere Kompanii, de Harki. Er häd jewile gseid, as e Kamel i de Wüeschti de bescht Füerer sei ond i jedem Fall Wasser fendi. Ond gnau i de Oase Taguinine häds Wasser bis gnueg. Etz isch de Sergent-Major mit Schwung ufgschtande ond häd em Kamel en Fitz uf de Buuch ggee. D Raheb isch langsam uf d Baa gkoo, de Schwank häd d Zügel i d Hand gnoh ond s Tier häd aagfange laufe. De Maa isch mit fascht zuene-n-Auge hennedrigschtolperet ond häd vo dehaam trommt.

Noch schtondelangem Marschiere häds aagfange tage. Uf zmol sächt er Palme, Barackene ond en Wachturm. Taguinine, entli, i has gschaffet, ischt em duer de Kopf. Er häd en wackere Schluck Wii us de Feldfläsche gnoh. Erdige Rotwii vo Mascara, wos di beschte Truube vo Algerie gid. S Kamel, wo s Wasser gschmeckt häd, ischt all tifiger gloffe, ond de Schwank häd kumm me nomöge.

Uf em Turm isch de Zellweger, en Appezeller, gschtande. Elaa. Ali andere vo de Kompanii sönd mit em Vorbereite vom Wienachtsoobet beschäftiget gsii. Wichti isch debii d Kripp mit de lebtige Figuure. Mit de Sänger, de Gaasse, de beide Esel, de Schoof, de drei Hirtehönd ond em Kamel. Aber ebe, d Raheb fehlt. E Kripp uhni Kamel. De Schwank, dä Tubel. Vesauet üüs die halb Wienacht, häd de Zellweger gsinnet. Denn häd er as guet Esse ond an feine Wii teenkt, ond s Wasser ischt em im Muul zämmegloffe.

Etz lueget er i d Wüeschti usi. Luegt duer de Feldschtecher ond trauet sine Auge nöd. D Raheb. Ond de Sergent-Major, wo hennedrii gwagglet. «De Schwank kond! Kommid gi luege! De Schwank! Wenigschtens de Weg zrugg häd er gfonde! Dank em Kamel!», rüeft de Wachmaa luut in Hof abi. D Meldi «De Schwank kond!» isch wie-n-e Lauffüür om-

mi, ond i jedem Egge hädmes etz gkhöört la-
che.

De Hopme Bodard häd sini Lüüt aatrete
loo ond seid, er trucki e-n-Aug zue, er leiti die
Sach nöd an Oberscht wiiter. Schliessli sei
Wienacht, ond me bruuchi de Schwank. Er sei
zwor en schlechte Karteleser, defüer aber en
guete Sänger.

Ond am Oobet isch mit de Viicher ond de
Hirte o s Kamel nebet de Krippe gschtande.
Ond de Schwank. Mit schwarzem Gsicht. Als
Köni Kaspar. Ond wo-n-er mit sinere sichere
ond schöne Schtimm «Stille Nacht, heilige
Nacht» aafangt singe, sönd ali ernscht worde.
D Raheb aber häd zom Onderoffizier überi-
glueget, ond s häd uusgsäche, wie wenn s Tier
wuer lache. D Raheb, s Wienachtskamel.

Sergent-Major *Hauptfeldweibel*
débrouille-toi *schau, dass du zurechtkommst*
Fitz *leichter Schlag*
all tifiger gloffe *immer schneller gelaufen*
elaa *allein*
de lebtige Figuure *den lebendigen Figuren*
Viicher *Tiere*

125

Kurzenberger Dialekt

Der oberhalb von Bodensee und Rheintal gelegene Kurzenberg war einst eine appenzellische Grossgemeinde, die kirchlich zu Thal SG gehörte. Der Bau von Kirchen in Heiden und Wolfhalden (1652) führte zur Trennung von Thal und zu den heute eigenständigen Orten Heiden, Wolfhalden und Lutzenberg-Wienacht. Bis ins 17. Jahrhundert war das östlich und südlich an den Kurzenberg angrenzende Gebiet Hirschberg (Walzenhausen AR, Reute AR und Oberegg AI) kirchlich ebenfalls eng mit dem benachbarten St. Galler Rheintal verbunden.

Auch nach der Eigenständigkeit der Kurzen- und Hirschberger Gemeinden blieben enge wirtschaftliche und verwandtschaftliche Beziehungen zum St. Galler Rheintal bestehen, zumal schon früh vergleichsweise gute Verkehrswege vom Berg ins Tal existierten. Die über Jahrhunderte fast täglich gepflegte Nähe führte zu einer rheintalischen Färbung der Sprache der Leute am Berg.

Auffälligste Merkmale des Kurzenberger Dialekts sind die breiten aa (Maatle statt Määtle/ Mädchen, Gaasse statt Gäässe/Geissen, Laatere statt Läätere/Leiter) und die kehligen k (Kuchi statt Chochi/Küche, Kääs statt Chääs/ Käse, Kierche statt Cherche/Kirche). Der Kurzenberger sagt ferner oft u statt o (lupfe statt lopfe/heben) bzw. ü statt ö (Müli statt Möli/Mühle) und lässt bei der Endung -ig den Laut g weg (Musi statt Musig/Musik, Zitti statt Zittig/Zeitung).

Natürlich unterscheidet sich die Sprache der Kurzen- und Hirschberger auch in zahlreichen anderen Wörtern und Wendungen von den übrigen Appenzeller Dialekten, wobei hier auf das umfassende Werk «Appenzeller Sprachbuch» von Stefan Sonderegger und Thomas Gadmer verwiesen sei (Appenzeller Verlag).

Peter Eggenberger, Wolfhalden, wurde 1939 als Bürger von Grabs in Walzenhausen geboren. Der Drogistenlehre und den Jahren in der Fremdenlegion folgten das Lehrer- und Logopädiestudium. Seit 1982 ist er freiberuflich als Journalist, Autor und Referent tätig.

Werner Meier, 1956, Ausbildung zum Grafiker und Werklehrer an den Schulen für Gestaltung St. Gallen und Zürich. Lehrer für Bildnerische Gestaltung an der Kantonsschule Trogen. Mit Buchillustrationen und Ausstellungen tritt er regelmässig an die Öffentlichkeit.